So geht´s zu B1 – Hören

Prüfungsvorbereitung Goethe-/ÖSD-Zertifikat B1

Übungsbuch

Uta Loumiotis

a Alles Digitale zu diesem Buch kann auf der Lernplattform
allango von Ernst Klett Sprachen abgerufen werden. So geht's:

QR-Code scannen
oder **www.allango.net**
aufrufen

Buchtitel oder ISBN in
der Suche eingeben und
auf das Buchcover klicken

Zum Inhalt navigieren,
direkt abrufen
oder speichern

Zu diesem Buch auf allango verfügbar: **Audios, Lösungen, Transkriptionen**.

Ernst Klett Sprachen
Stuttgart

So geht's zu B1 – Hören
Übungsbuch

1. Auflage   1 ⁹ ⁸ ⁷ ⁶ ⁵ | 2028 27 26 25 24

Alle Drucke dieser Auflage sind unverändert und können im Unterricht nebeneinander verwendet werden.
Die letzte Zahl bezeichnet das Jahr des Druckes. Das Werk und seine Teile sind urheberrechtlich geschützt.
Jede Nutzung in anderen als den gesetzlich zugelassenen Fällen bedarf der vorherigen schriftlichen Einwilligung des Verlags.

Redaktion: Adalbert Mazur
Redaktionelle Mitarbeit: Zoi Kokkalidou
Herstellung: Cellworks, Athen
Umschlaggestaltung: Greta Gröttrup
Titelbild: Shutterstock (alexkich), New York

Druck und Bindung: Elanders GmbH, Waiblingen

Printed in Germany.
978-3-12-675585-6

Vorwort

So geht's zu B1 – Hören richtet sich sowohl an Jugendliche als auch an Erwachsene (ab A2 Niveau), die die Fertigkeit Hören trainieren wollen und mehr Sicherheit im Umgang mit Hörtexten gewinnen möchten. Das Übungsbuch führt sicher zum B1-Niveau und unterstützt bei der Prüfungsvorbereitung auf das Modul Hören des Goethe-/ÖSD-Zertifikats B1.

So geht's zu B1 – Hören ermöglicht ein effizientes Training der Fertigkeit Hören durch gezielte Aufgaben im thematischen Kontext. Das Übungs- und Testbuch enthält 10 thematische Einheiten. Jeder Einheit liegt ein bestimmtes Leitthema zugrunde, das die Orientierung im Hinblick auf die Prüfungsvorbereitung erleichtert. Ein breites Spektrum von Inhalten deckt alle Themenfelder ab, die für das Goethe-/ÖSD-Zertifikat B1 relevant sind.

So geht's zu B1 – Hören enthält in jeder Einheit umfangreiche prüfungsadäquate Aufgaben des Prüfungsteils Hören. Abwechslungsreiche und sehr ansprechende Übungen zu Wortschatz, Redemitteln und Strukturen bilden einen wesentlichen Bestandteil innerhalb der Einheiten und werden den Aufgaben entsprechend angeboten: Wortschatzarbeit zum Einstieg in die thematische Einheit und zur Vorentlastung der Aufgabenteile Hören. Darüber hinaus enthalten die ersten vier Einheiten stark gelenkte Übungen zur Förderung der Hörkompetenz mit Strategietipps und Hinweisen zum effektiven Hörverstehen. Außerdem wurden zu den verschiedenen Aufgabentypen hilfreiche Tipps und Hinweise aufgenommen, die den Lernprozess fördern sollen und die Lernenden beim Arbeiten mit dem Übungsbuch anleiten.

Im Anhang befindet sich der Wortschatz der einzelnen Einheiten nach chronologischem Auftreten im Text geordnet.

Mit Hilfe dieses Übungsbuches können Sie:
- die Fertigkeit Hören – und vor allem die Hörstile (global, selektiv und detailliert) – intensiv trainieren,
- Wortschatz im Kontext üben und festigen,
- sich in alle prüfungsrelevante Themen einarbeiten,
- sich mit den Prüfungsformen und Aufgabenstellungen des Moduls Hören vertraut machen,
- lernen, die Aufgaben im Prüfungsformat zu meistern.

So geht's zu B1 – Hören bietet zudem ein interessantes Übungs- und Ergänzungsmaterial (ansprechende landeskundliche Informationen zu D-A-CH-L).

Dieses Übungsbuch ist weder an ein Lehrbuch noch an andere Unterrichtsmaterialien gebunden. Es kann unterrichtsbegleitend eingesetzt werden, eignet sich aber auch als Selbstlernmaterial.

Viel Erfolg bei der Arbeit mit diesem Buch und natürlich auch bei der Prüfung wünschen Ihnen

Verlag und Autorin

Wichtige und hilfreiche Hinweise für den Lerner

Einstiegsseiten

Die Einstiegseiten zu jeder Einheit in **So geht's zu B1 – Hören** bieten jeweils eine Wortwolke, ein Motivationsbild und einen kurzen Hörtext zum Einstimmen auf das Thema, das Ihnen auch zur Wiederholung des Wortschatzes dienen kann. Die Progression des Wortschatzes ist innerhalb jeder Einheit ansteigend (von A2 zu B1). Damit ist am Ende jeder Einheit der Wortschatz zum jeweiligen Themenbereich abgedeckt.

Wortschatz

Der Wortschatz sollte immer im Kontext gelernt werden. Am besten prägen Sie sich den Wortschatz ein, wenn Sie gleichzeitig die entsprechenden Synonyme, welche in den Hörtexten angeboten werden, lernen. Einen Vordruck und die Anleitung zum Üben von Synonymen und Umschreibungen finden Sie im Lehrerhandbuch.

Strukturen

Da es beim Hörverstehen vor allem auf die gute Kenntnis des B1-Wortschatzes ankommt, erscheinen in **So geht's zu B1 – Hören** nur Übungen zu Strukturen, die für das Hörverstehen bzw. das Verstehen der Items relevant sind.

Hörtraining

- Machen Sie sich mit den **Prüfungszielen** und **Hörstilen** der jeweiligen Aufgabenteile des Goethe-/ÖSD-Zertifikats B1 vertraut. So konzentrieren Sie sich auf die relevanten Stellen in den Items und in den Hörtexten.
- Überlegen Sie auch, weshalb die nicht zutreffenden **Items** falsch sind.
- Lesen Sie aufmerksam die Tipps und Hinweise.

In der Übungsphase können Sie die Texte je nach Bedarf immer wieder hören.
Wir empfehlen zudem auch, gelegentlich die **Transkriptionen** der Hörtexte zu Hilfe zu nehmen, um die Ergebnisse Ihres Hörtrainings zu testen und sich damit selbst zu evaluieren.
Im Übungs- und Testbuch werden immer wieder Strategien mit Hilfe einer **Checkliste** geübt.
Wir empfehlen Ihnen, sich mit dieser Checkliste vertraut zu machen, da sie Ihnen dazu verhelfen kann, während der Prüfung kostbare Zeit zu sparen. Somit vermittelt sie Ihnen ein Gefühl von Sicherheit. Im Lehrerhandbuch finden Sie fertige Vordrucke dieser Checklisten.

Modelltests

Die Modelltests dienen der **Prüfungssimulation** und sind für Sie gleichzeitig ein Indikator für Ihre Progression im Hinblick auf die Prüfungsvorbereitung und die Beherrschung des Wortschatzes.
Sie sollten nach Abschluss jedes Teils der Modelltests auch eine **Nachbereitung** durchführen, unabhängig davon, wie gut Sie die Tests abgeschlossen haben. Im Lehrerhandbuch finden Sie eine Anleitung, ein Beispiel und einen Vordruck zur Nachbereitung von Modelltests.

Inhalt

Freizeit

… macht mir Spaß • keine Lust • **… finde ich toll** • … brauche ich nicht • täglich • einmal pro Woche • jeden Monat • nie • oft • selten • ins Theater • ins Kino • auf den Sportplatz • auf dem Sportplatz • keine Zeit • shoppen • Stadtbummel • in meiner Freizeit • meine Lieblingssportart ist … • Internet

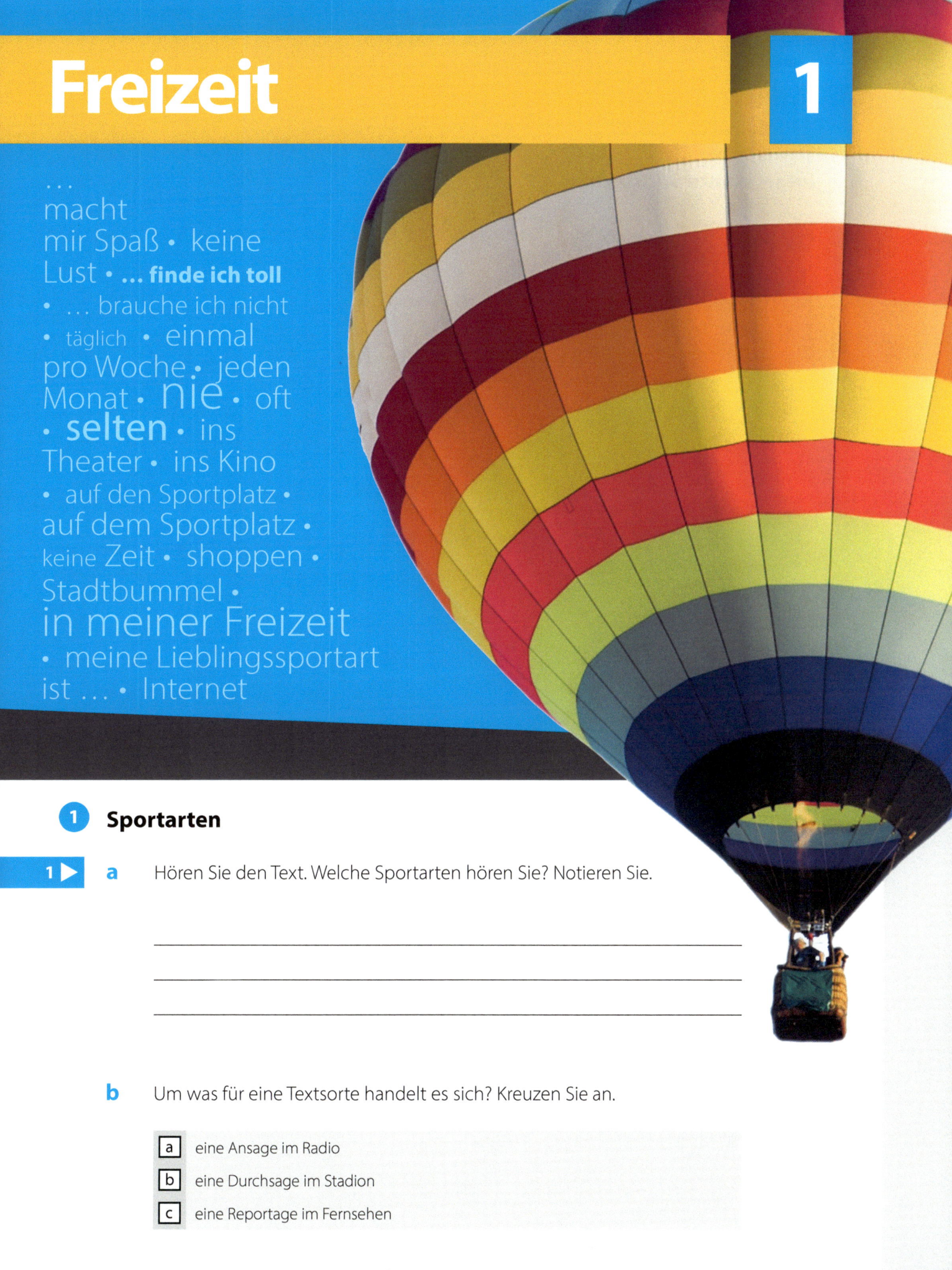

1 Sportarten

1 ▶ **a** Hören Sie den Text. Welche Sportarten hören Sie? Notieren Sie.

_____

_____

_____

b Um was für eine Textsorte handelt es sich? Kreuzen Sie an.

a	eine Ansage im Radio
b	eine Durchsage im Stadion
c	eine Reportage im Fernsehen

Wortschatz

1 **Interessante Sportarten**

a Schreiben Sie einen kleinen Text über eine interessante Sportart (Name, Ort, Ausrüstung, Mannschaftsgröße, Herkunft, Stars).

> Meine Lieblingssportart ist _____.
> Man kann _____ in / auf / an _____
> ausüben.
> Dafür braucht man / Dabei trägt man _____.
> Das kostet _____.
> Eine Mannschaft besteht aus _____.
> (oder)
> _____ ist eine Einzelsportart.
> Diese Sportart kommt (wahrscheinlich) aus _____.
> Weltweit bekannt ist _____.

b Lesen Sie Ihrer Lernpartnerin / Ihrem Lernpartner Ihren Text aus a vor. Sie/er macht Notizen im unten stehenden Kasten.

Sportart: _____

Ort: _____

Ausrüstung: _____

Preis der Ausrüstung: _____

Mannschaftsgröße: _____

Herkunft: _____

Stars: _____

c Ihre Lernpartnerin / Ihr Lernpartner präsentiert nun mit Hilfe ihrer/seiner Notizen Ihre Sportart. Kontrollieren Sie, ob sie/er alles richtig verstanden hat und korrigieren Sie, wenn nötig. Tauschen Sie dann die Rollen.

Hören Sie den folgenden Text und machen Sie Notizen.

Sportart: *Speedjumping* _____

Ort: _____

Ausrüstung: _____

Preis der Ausrüstung: _____

Mannschaftsgröße: _____

Herkunft: _____

Stars: _____

2 Welches Wort passt nicht?

1   der Beitrag – die Halle – das Mitglied – der Verein

2   der Eintritt – das Konzert – das Ticket – die Eintrittskarte

3   das Kino – die Oper – das Theater – die Zuschauer

4   die Ausstellung – die Führung – die Veranstaltung – der Schauspieler

3 **Nomen und Verben**

a Was passt? Ordnen Sie zu.

1	die Aufführung	*a, b, g, k*	a	ausfallen
2	der Eintritt	_____	b	ausverkauft sein
3	die Galerie	_____	c	begeistert sein
4	das Instrument	_____	d	berühmt sein
5	die Karten	_____	e	bestellen
6	das Museum	_____	f	geschlossen sein
7	das Publikum	_____	g	gut besucht sein
8	die Sängerin	_____	h	kaufen
9	der Schauspieler	_____	i	offen sein
10	die Veranstaltung	_____	j	reservieren
			k	stattfinden
			l	teuer sein

b Bilden Sie 5 Sätze mit den Ausdrücken aus a und lesen Sie diese Ihrer Lernpartnerin / Ihrem Lernpartner vor.
Die Aufführung kann wegen Krankheit des Hauptdarstellers leider nicht stattfinden.
Sie muss ausfallen.

4 **Finden Sie die Synonyme.**

1	anspruchsvoll	*von hohem Niveau*	a	aufregend
2	bekannt	_____	b	populär
3	spannend	_____	c	erhalten
4	bestellen	_____	d	reservieren
5	empfangen	_____	e	die Anfänge / die Herkunft
6	der Autor	_____	f	die Aufführung
7	die Feier	_____	g	der Darsteller
8	das Gespräch	_____	h	die Diskussion
9	der Journalist	_____	i	das Fest
10	der Schauspieler	_____	j	der Gesang
11	das Singen	_____	k	der Reporter
12	das Vergnügen	_____	l	der Schriftsteller
13	die Vorstellung	_____	m	die Unterhaltung
14	die Wurzeln	_____	n	das Publikum
15	die Zuschauer	_____	o	von hohem Niveau

| Hören, Teil 1 | | | |
Prüfungsziel: Ankündigungen, Durchsagen und Anweisungen verstehen			
Texte	**Aufgaben**	**Zeit**	**Hörstil**
- 5 kurze Texte	- 5 Aufgaben	ca. 10 Minuten	- beim ersten Hören **global**
- **zweimal** hören	- je Aufgabe 2 Items	(vor dem ersten Hören der 5 Texte je 10 Sekunden Pause, um die Items zu lesen)	- beim zweiten Hören **selektiv**
- monologisch (Ansagen, Durchsagen, Anrufbeantwortertexte)	1. Item: richtig/falsch 2. Item: m/c-Format (insgesamt 10 Items)		

1 Globales Hören

Was bedeutet globales Hören?
Man achtet nicht auf jedes einzelne Wort. Man konzentriert sich auf das Thema und die Situation (Wer spricht? Wo und warum wird gesprochen?)

a Welche Fragen müssen Sie sich stellen, um das Item richtig zu beantworten? Formulieren Sie mindestens 2 Fragen.

> **Tipp:**
> Indem Sie Fragen zu den Items formulieren, konzentrieren Sie sich auf das Thema.

1 Peter ruft Kai wegen einer neuen Opernaufführung an.
 Ruft Peter Kai (tatsächlich) an?
 Warum ruft er an?

2 Die Galerie ist gut besucht.
 _____?
 _____?

3 Sie hören den Wetterbericht für die nächste Woche.
 _____?
 _____?

4 Dieter spricht mit Maike, weil er etwas braucht.
 _____?
 _____?

5 Eva und Eberhart fliegen nach Rom.
 _____?
 _____?

3-9 ▶ **b** Hören Sie die folgenden Texte. Worum geht es in den Texten?
Kreuzen Sie die richtige Antwort an.

Es geht um …		ja	nein
1	die Vorbereitung einer Party.	☐	☐
2	eine Geschenkidee.	☐	☐
3	neue Trainingszeiten.	☐	☐
4	die Sieger eines Wettbewerbs.	☐	☐
5	die Sendezeiten einer Kultursendung.	☐	☐
6	ein Trainingslager.	☐	☐
7	eine Theateraufführung.	☐	☐

10-13 ▶ **c** Hören Sie die folgenden Texte. Worum geht es in den Texten?
Machen Sie Notizen.

Text 1: _____

Text 2: _____

Text 3: _____

Text 4: _____

10-13 ▶ **d** Hören Sie die Texte aus c noch einmal.
Woran kann man das Thema des Textes erkennen? Notieren Sie.

Text 1: *öffnet die Deutsche Nationalbibliothek,* _____

Text 2: _____

Text 3: _____

Text 4: _____

2 Selektives Hören (I)

Was bedeutet selektives Hören?
Man konzentriert sich auf bestimmte
Informationen. Schlüsselwörter - also zentrale
Wörter - spielen dabei eine wichtige Rolle. Sie
helfen uns, den Inhalt einer Aussage zu verstehen.

Tipp:
Unterstreichen Sie vor dem Hören
Schlüsselwörter.
Überlegen Sie sich **Synonyme** oder
Umschreibungen dazu.
Konzentrieren Sie sich dann beim Hören auf
diese Wörter.

14 ▶ **a** Hören Sie den folgenden Text. Notieren Sie Schlüsselwörter.

_____

14 ▶ **b** Hören Sie den Text noch einmal. Kreuzen Sie die richtige Lösung an.

Die Mannschaft trifft sich …
- [a] um 10.00 Uhr.
- [b] um 11.00 Uhr.
- [c] um 11.30 Uhr.

c Lesen Sie die folgenden Items. Unterstreichen Sie die Schlüsselwörter.

1 Nina soll …
- [a] eine Torte machen.
- [b] eine SMS an Alex schicken.
- [c] morgen einkaufen gehen.

2 In der Karibik gibt es …
- [a] auch Einkaufsstress.
- [b] gute Geschenkideen.
- [c] selten Weihnachtsbäume.

3 Man kann …
- [a] am Wochenende beim Training zuschauen.
- [b] nach dem Training mit den Spielern sprechen.
- [c] während des Trainings nichts essen.

4 Der Wettbewerb …
- [a] fand an der Thomasschule statt.
- [b] findet einmal im Jahr statt.
- [c] musste abgesagt werden.

5 Die CD …
- [a] erschien vor fünf Jahren.
- [b] kann man z.T. bei dem Sender hören.
- [c] wurde in der Semper Oper aufgenommen.

6 Der Trainer sagt, dass …
- [a] die Unterkunft weit weg vom Training ist.
- [b] er heute Tatjana nicht kontaktieren konnte.
- [c] Tatjana noch etwas bezahlen muss.

7 In der Umfrage ging es auch um …
- [a] die besten Darsteller.
- [b] die beste Spielsaison.
- [c] die Qualität des Kulturmagazins.

d   Finden Sie zu den folgenden Wörtern und Umschreibungen die passenden Schlüsselwörter aus 2c.

1	auf einem Tonträger (z.B. CD) festhalten:	_aufnehmen_
2	beim Training:	
3	der Schauspieler:	
4	einmal im Jahr:	
5	jemanden nicht erreichen können:	
6	nicht in der Nähe:	
7	nicht oft; fast nie:	
8	Raum, wo man vorübergehend wohnt:	
9	senden; abschicken:	
10	shoppen; in ein Geschäft gehen, um etwas zu kaufen:	
11	stornieren:	
12	Belastung beim Einkaufen:	
13	veröffentlicht werden:	
14	wenn das Training vorbei ist:	
15	Wettstreit; Contest:	
16	zusehen:	

3-9 ▶ **e**   Hören Sie die Hörtexte zu 1b und kreuzen Sie die richtige Antwort in 2c an.

f   Hören Sie die Texte noch einmal und korrigieren Sie die falschen Aussagen.
1a: _ist die richtige Lösung._

1b: _Nina soll ihrer Freundin per SMS die Nummer von Alex schicken und nicht eine SMS an Alex schicken._

1c: _Nina soll heute – und nicht morgen – einkaufen gehen._

g   Bearbeiten Sie nun den Modelltest 1, Hören, Teil 1 auf Seite 17.

Hören, Teil 2			
Prüfungsziel: Als Zuschauer/Zuhörer im Publikum verstehen			
Texte	**Aufgaben**	**Zeit**	**Hörstil**
- 1 Text	- 5 Items	ca. 5 Minuten	- **selektives** Hören (Hauptpunkte und wichtige Einzelheiten verstehen)
- **einmal** hören	Mehrfachauswahl (dreigliedrig)	(vor dem Hören des Textes 60 Sekunden Zeit, um die 5 Items zu lesen)	
- monologisch (Vortrag, Begrüßung, Führung, …)			

3 Selektives Hören (II)

Wie trainiert man die selektive Hörhaltung?
Wenn Sie die Items vor dem Hören aufmerksam lesen, sollten Sie bereits Hypothesen darüber aufstellen, worum es in dem Text gehen **könnte**.
So entwickeln Sie eine Erwartungshaltung, die Ihnen hilft, die nötigen Informationen zu finden.
Überlegen Sie sich auch die passenden Synonyme/Paraphrasen zu den Schlüsselwörtern und erwägen Sie, welche Lösung Ihnen plausibel, d.h. logisch, erscheint. Es ist hier nicht wichtig, ob die tatsächliche Lösung Ihren Vermutungen entspricht.

a Lesen Sie die folgende Aufgabe.

Alexander der Große war …

- a der berühmte König von Mazedonien.
- b mein bester Freund.
- c ein Junge aus meiner Nachbarschaft.

b Überlegen Sie, welche Antwort wohl richtig ist. Markieren Sie diese mit einem Punkt.

15 ▶ **c** Hören Sie nun den Text. Lesen Sie **nach** dem Hören den Hinweis.

Hinweis:
Obwohl Sie genau wissen, wer Alexander der Große war, ist die Lösung in diesem Text c. Trotzdem hilft Ihnen die Erwartungshaltung, sich eine Vorstellung vom Thema zu machen und Sie hören dadurch aufmerksamer zu.

Tipp:
Während des Hörens: Konzentrieren Sie sich darauf, was Sie **tatsächlich** hören. Beantworten Sie die Fragen nicht nach Ihrem Wissen.

d Sie hören in einem Museum einen Vortrag über August den Starken.
Lesen Sie **vor** dem Hören *jedes einzelnen Abschnitts* die dazugehörigen Aussagen.
Stellen Sie Vermutungen an, welche Aussage wohl richtig ist.
Markieren Sie diese mit einem Punkt.

16 ▶

Hören Sie nun den ersten Abschnitt und überprüfen Sie Ihre Antwort.
Kreuzen Sie die richtige Antwort an.

1   August der Starke war …

   a ein König.

   b ein Künstler.

   c ein Sportler.

> **Wer bekam normalerweise einen Beinamen?**

17 ▶

Hören Sie nun den zweiten Abschnitt und überprüfen Sie Ihre Antwort.
Kreuzen Sie die richtige Antwort an.

2   Er lebte …

   a in der Antike.

   b im Mittelalter.

   c im 17./18. Jahrhundert.

> **Welche bereits gehörten Informationen helfen Ihnen, eine Lösung zu finden?**

18 ▶

Hören Sie nun den dritten Abschnitt und überprüfen Sie Ihre Antwort.
Kreuzen Sie die richtige Antwort an.

3   Seine Mutter war …

   a ein armes Mädchen.

   b eine Prinzessin.

   c eine Schauspielerin.

> **Was erscheint Ihnen logisch?**

19 ▶

Hören Sie nun den vierten Abschnitt und überprüfen Sie Ihre Antwort.
Kreuzen Sie die richtige Antwort an.

4   August hieß „der Starke", weil er angeblich …

   a sehr dick war.

   b außergewöhnliche Kräfte besaß.

   c starke Nerven hatte.

> **Was heißt eigentlich stark?**

20 ▶

Hören Sie nun den fünften Abschnitt und überprüfen Sie Ihre Antwort.
Kreuzen Sie die richtige Antwort an.

5   August der Starke interessierte sich für …

   a Mathematik.

   b Architektur.

   c Geschichte.

> **Was war in dieser Epoche besonders populär?**

21 ▶

Hören Sie nun den sechsten Abschnitt und überprüfen Sie Ihre Antwort.
Kreuzen Sie die richtige Antwort an.

6   Er war …

   a sehr unsportlich.

   b ein sehr guter Jäger.

   c sehr groß.

> **Was haben die Könige in ihrer Freizeit gemacht?**

e Bearbeiten Sie nun den Modelltest 1, Hören, Teil 2 auf Seite 18.

22 ▶ **Sie hören nun fünf kurze Texte.**
Sie hören jeden Text zweimal.
Zu jedem Text lösen Sie zwei Aufgaben.
Wählen Sie bei jeder Aufgabe die richtige Lösung.
Lesen Sie zuerst das Beispiel. Dazu haben Sie 10 Sekunden Zeit.

Beispiel:

01 Die Ansage richtet sich an Reporter.　　　　| Richtig | | Falsch ✕ |

02 Die Bewerber sollten …

   [a] sich vor allem für Politik interessieren.

   [b] sehr gut Deutsch sprechen.

   [✕] sich per E-Mail bewerben.

Text 1

1 Es geht um eine Theateraufführung.　　　　| Richtig | | Falsch |

2 Die Veranstaltung am Sonntag …

   [a] findet nicht statt.

   [b] ist auf Deutsch.

   [c] ist ausverkauft.

Text 2

3 In Hamburg legen deutschlandweit die meisten Kreuzfahrtschiffe an.　　| Richtig | | Falsch |

4 Jährlich …

   [a] kommen in Hamburg 10.000 Containerschiffe an.

   [b] kommen mehr als 660.000 Besucher nach Hamburg.

   [c] feiert man in Hamburg ein großes Fest.

Text 3

5 Es findet eine Programmänderung statt.　　　| Richtig | | Falsch |

6 An dem Quiz kann man teilnehmen, wenn man …

   [a] ab 21.00 Uhr die Sendung hört.

   [b] eine Interverbindung hat.

   [c] sich im Fußballsport gut auskennt.

Text 4

7 Der Name des Sammlers wird nicht veröffentlicht.　　　　| Richtig | | Falsch |

8 Die Kunstgegenstände …

   [a] gehen alle an eine Bibliothek.

   [b] kann man sich bis März ansehen.

   [c] stammen aus dem 19. Jahrhundert.

Text 5

9 Die Veranstaltung fällt aus.　　　　| Richtig | | Falsch |

10 Herr Becker bekommt …

   [a] einen Anruf des Buchungsdienstes.

   [b] in der Pause zwei Gläser Sekt.

   [c] zwei Freikarten für den 22.10.

Sie hören nun einen Text. Sie hören den Text einmal.
Dazu lösen Sie fünf Aufgaben.
Wählen Sie bei jeder Aufgabe die richtige Lösung a, b oder c.
Lesen Sie zuerst die Aufgaben. Dazu haben Sie 60 Sekunden Zeit.

Sie sind an einer Musikhochschule und hören einen Vortrag über Rap.

11 Das Wichtigste bei Rap ist …

    | a | die Musik.
    | b | der Text.
    | c | der Rhythmus.

12 Die Wurzeln des Rap liegen …

    | a | in Amerika.
    | b | in Westafrika und der Karibik.
    | c | in der Reggae-Musik.

13 Rap fand zuerst Anerkennung bei …

    | a | den Erwachsenen.
    | b | den Jugendlichen.
    | c | der Plattenindustrie.

14 Die Texte der Rap-Musik …

    | a | haben sich kaum verändert.
    | b | sind von hohem Niveau.
    | c | waren früher anspruchsvoller.

15 Rap …

    | a | verliert an Bedeutung.
    | b | hat seine Zukunft garantiert.
    | c | wird es wahrscheinlich auch in Zukunft geben.

Alltag

… steht dir gut • … gefällt mir • der Schmuck • die Geschäfte • das Werkzeug • die Hausarbeit • … mache ich gern • die Mülltrennung • der Haushalt • der Keller • möbliert • mieten • vermieten • in der Schule • nach der Arbeit • der Geldautomat • **die Gaststätte** • … finde ich anstrengend • Ich stehe unter Druck. • … schaffe ich nicht mehr! •

---

1 Wohnen

a Lesen Sie den Text. Ergänzen Sie die fehlenden Wörter.

Martin __*wohnt*__ noch bei seinen Eltern, obwohl er Student ist. Er würde gerne von zu

_____ ausziehen, aber er hat im _____ leider kein Zimmer bekommen. Im

nächsten Semester möchte er gerne in einer _____ wohnen. Das kann er sich nämlich

_____. Eine eigene _____ ist allerdings zu teuer für ihn. Max hat es da besser:

Seine Eltern haben ein _____. So hat Max das ganze _____ für sich. Die

_____ des Eigenheims ist super. Es liegt _____ an einem Park. Und die U-Bahn ist

ganz in _____ _____.

24 ▶ b Hören Sie nun den Text und vergleichen Sie die Ergebnisse mit Ihren Lösungen.

A   Wortschatz

1   Im Maklerbüro

25 ▶   **a**   Hören Sie den folgenden Text. Worum geht es? Nennen Sie das Thema.

_____

25 ▶   **b**   Hören Sie den Text noch einmal. Was möchte die Frau wissen?

1	_Ist die Wohnung noch frei?_____
2	_____
3	_____
4	_____
5	_____
6	_____
7	_____
8	_____

c   Wandeln Sie die direkten Fragen in indirekte Fragen um.

1	_Sie möchte wissen, ob die Wohnung noch frei ist._____
2	_____
3	_____
4	_____
5	_____
6	_____
7	_____
8	_____

d Spielen Sie nun mit Ihrer Lernpartnerin / Ihrem Lernpartner ein Telefongespräch zwischen Wohnungsmakler und Wohnungssuchendem. Benutzen Sie die Fragen aus 1b und 1c sowie die Redemittel aus dem Kasten.

> Ich hätte gern gewusst, ob/wie/wann … | … beträgt 870 Euro monatlich |
> Außerdem möchte ich noch wissen, wie hoch/ab wann … | Ja, sicher! |
> Nein, leider nicht. | Könnten Sie mir auch sagen, wie viel / wer … |
> die Nebenkosten betragen 125 Euro | der nächste Termin

A: *Guten Tag. Mein Name ist … Es geht um die Wohnung im Stadtanzeiger. Ich hätte gern gewusst, …*

B: *Ja, guten Tag! Also die Wohnung ist …*

A: …

B: …

2 Welches Wort passt nicht?

1 der Bademeister – der Elektriker – der Handwerker – der Hausmeister

2 das Dachgeschoss – der Keller – das Obergeschoss – das Treppenhaus

3 einrichten – möblieren – planen – polieren

4 ausgeschlossen – exklusive – inbegriffen – inklusive

3 Hausarbeit

a Was passt? Ordnen Sie zu. Einige Verben passen mehrmals.

> abtrocknen | anmachen | aufhängen | aufräumen |
> ausräumen | backen | braten | bügeln | fegen | kehren |
> lüften | machen | putzen | rausbringen | spülen | wischen

1	die Betten:	*lüften*
2	die Fenster:	
3	das Fleisch:	
4	den Fußboden:	
5	das Geschirr:	
6	den Kuchen:	
7	den Müll:	
8	die Spülmaschine:	
9	die Wäsche:	
10	die Wohnung:	

b Bilden Sie Sätze mit den Ausdrücken aus 3a.
Verwenden Sie das Passiv wie im Beispiel.

Die Betten müssen täglich gelüftet werden.

_____

_____

_____

_____

_____

_____

26 ▶

c Lesen Sie die folgenden Wörter. Hören Sie dann den Text.
Welche Synonyme hören Sie? Notieren Sie.

1 der Abfall: *der Müll* _____

2 abwaschen: _____

3 einschalten: _____

4 unordentlich: _____

5 empfehlen: _____

6 wegwerfen: _____

7 ausmachen: _____

4 Bezahlen

Ergänzen Sie. Verwenden Sie dabei die Wörter aus dem Kasten.

> bar | Gebühren | Geldautomat(en) | Geldscheinen |
> gratis | ~~Kleingeld~~ | Kreditkarte | leihen | Münze |
> Schulden | sinken | steigen | überweisen

1. Du, ich muss mir eine Buskarte kaufen, habe jedoch gerade kein _Kleingeld_. Kannst du mir 3,20 Euro _____?

2. ▴ Kann ich hier mit _____ bezahlen?
   • Leider nicht! Sie müssen _____ bezahlen. Dort drüben gibt es allerdings einen _____. Da können Sie Geld abheben.

3. Da seine Einnahmen _____, muss er wohl sein Geschäft schließen.

4. Um die Autobahn zu benutzen, muss man in vielen Ländern _____ bezahlen. Diese _____ leider ständig.

5. Am Automaten kann ich nicht mit _____ bezahlen. Jetzt muss ich jede _____ einzeln einwerfen.

6. Die Teilnahme an diesem Kurs ist leider nicht _____.

7. Guten Tag, ich möchte gern Geld auf mein Konto _____.

8. Er hat einen Kredit aufgenommen und jetzt muss er seine _____ abbezahlen.

5 Finden Sie mindestens 17 Wörter zum Thema *Einkaufen*.

G	E	B	R	A	U	C	H	S	A	N	W	E	I	S	U	N	G
A	G	S	X	Y	P	S	V	C	S	P	O	R	E	C	V	Y	V
R	K	E	W	J	D	P	N	H	S	G	C	H	I	H	E	L	U
A	M	L	A	G	E	R	F	A	G	B	H	K	A	L	R	F	M
N	K	B	R	S	A	O	R	U	H	N	E	L	O	A	K	S	T
T	A	S	E	U	Q	D	K	F	I	Y	N	J	U	N	A	W	A
I	P	T	M	P	F	U	L	E	K	V	M	Z	H	G	E	Q	U
E	T	B	S	E	R	K	U	N	D	E	A	P	U	E	U	F	S
G	R	E	T	R	I	T	U	S	P	X	R	S	L	P	F	K	C
M	H	D	W	M	S	D	F	T	D	G	K	A	S	S	E	L	H
S	E	I	O	A	I	I	W	E	W	T	T	I	D	J	R	T	A
K	S	E	L	R	T	A	P	R	E	I	S	S	C	H	I	L	D
P	Z	N	R	K	V	E	R	K	A	U	F	S	S	T	A	N	D
I	T	U	E	T	E	F	A	H	N	M	R	A	I	K	S	R	Z
P	Y	N	O	E	F	F	N	U	N	G	S	Z	E	I	T	E	N
R	U	G	L	O	S	O	N	D	E	R	A	N	G	E	B	O	T

Hinweis:
Ä=AE
Ö=OE
Ü=UE

B Hörtraining

Hören, Teil 3 Prüfungsziel: Gespräche zwischen Muttersprachlern verstehen			
Texte	**Aufgaben**	**Zeit**	**Hörstil**
- 1 Text - **einmal** hören - dialogisch (informelles Gespräch zwischen 2 Personen)	- 7 Items: Richtig/Falsch-Format	ca. 5 Minuten (vor dem Hören 60 Sekunden Pause, um die 7 Items zu lesen)	- **detailliertes** Hören (Hauptpunkte und Einzelheiten verstehen)

1 **Detailliertes Hören**

> **Tipp:**
> Achten Sie auch auf Wörter wie **vorher, bevor, gleichzeitig, während, danach**, … und weitere temporale Angaben.

Was bedeutet detailliertes Hören?
Man versucht, **jedes** Wort zu verstehen. Beim detaillierten Hören achtet man auf **Hauptaussagen** einzelner Textpassagen, **Hauptpunkte**, den **Handlungsverlauf**, **Ursachen**, **Folgen**, **Personen** und **Objekte**. Es kann aber auch um **Handlungsziele** der Personen gehen, um ihre **Emotionen, Meinungen, Einstellungen** und **Stimmungen**.

> **Tipp:**
> Geben Sie dem Gehörten eine **Überschrift** / einen **Titel**. Dann haben Sie schon die **Hauptaussage**.

27 ▶ **a** **Hauptaussage**
Hören Sie das folgende Gespräch. Was ist die Hauptaussage?

_____

27 ▶ **b** **Hauptpunkte**
Hören Sie den Text noch einmal. Was sind die Hauptpunkte?
Johanna: Keine Zeit für sich, jeden Tag arbeiten, … _____

27 ▶ **c** **Handlungsverlauf**
Hören Sie den Text noch einmal. Wie ist der Handlungsverlauf?

1	*arbeiten* _____
2	_____
3	_____
4	_____
5	_____
6	_____
7	_____
8	_____

27 ▶ d **Ursachen/Folgen**

Was ist die Ursache für Johannas Müdigkeit?

_____

27 ▶ e **Personen**

Welche Personen kommen im Text vor?

_____

27 ▶ f **Emotionen**

Wie fühlt sich Johanna nach der Arbeit?

_____

Was macht sie gern?

_____

27 ▶ g Hören Sie den Text noch einmal.
Wählen Sie: Sind die Aussagen Richtig oder Falsch?

Sie sitzen im Bus und hören, wie sich ein Mann und eine Frau über den Alltag unterhalten.

1	Die viele Arbeit ermüdet Johanna.	Richtig	Falsch
2	Nach dem Spielen mit den Kindern macht sie das Abendbrot.	Richtig	Falsch
3	Ihr Mann möchte nicht im Haushalt helfen.	Richtig	Falsch
4	Johanna muss den Haushalt allein meistern.	Richtig	Falsch
5	Bevor sie einschläft hört sie Musik.	Richtig	Falsch

h Korrigieren Sie die falschen Aussagen aus 1g.
Nicht nach dem Spielen, sondern vor dem Spielen (oder davor) macht sie das Abendbrot.

i Ordnen Sie die Items aus 1g den Begriffen im Kasten zu.

Handlungsverlauf	Hauptaussage	Hauptpunkt	Standpunkt
	1		

25

② Items im Richtig-Falsch-Format

a   Lesen Sie die Transkription eines Hörtextes.

Sie sitzen im Bus und hören, wie sich zwei Jugendliche unterhalten.

Mara:	Hi, Vangelis!
Vangelis:	Hi, Mara! Wie geht's?
Mara:	Ach, bin total genervt! Ich hab mich gestern so geärgert. Ich war nämlich vorgestern im Kaufhaus und habe im Schaufenster eine tolle Jeansjacke als Sonderangebot gesehen, die ich mir dann auch gekauft habe. Als ich zu Hause ankam, merkte ich, dass mir die Jacke zu klein war.
Vangelis:	Hattest du sie denn im Kaufhaus nicht anprobiert?
Mara:	Doch, doch! Aber ich wollte unter der Jacke ein Kleid tragen. Das Kleid hatte ich natürlich nicht dabei. Das habe ich erst zu Hause angezogen und da habe ich gesehen, dass mir die Jacke eben zu klein ist. Da ich sie zwei, drei Mal an- und ausgezogen habe, ist das Preisschild heruntergefallen und dann habe ich es aus Versehen zerrissen.
Vangelis:	Oh, das ist nicht gut. Konntest du die Jacke trotzdem umtauschen?
Mara:	Das ist ja genau das Problem! Als ich gestern im Kaufhaus an der Kasse stand, um sie umzutauschen, sagte mir die Verkäuferin, dass das nicht geht. Das Preisschild ist beschädigt und deshalb kann die Jacke auch nicht zurückgenommen werden.
Vangelis:	Ja, das ist leider so. Aber du hast sowieso kein Recht auf einen Umtausch. Das hängt vom Geschäft ab, ob die Ware zurückgenommen wird oder nicht. Die müssen das nicht! Da hast du einfach Pech gehabt!
Mara:	Ich weiß und bin auch total sauer auf mich selbst …

b   Überlegen Sie sich 5 Items im Richtig-Falsch-Format zu den folgenden Themen und geben Sie auch die entsprechende Lösung dazu an.

1 Hauptaussage: *Man kann Waren nicht immer umtauschen.*	Richtig	Falsch
2 Hauptpunkte: _____	Richtig	Falsch
3 Handlungsverlauf: _____	Richtig	Falsch
4 Ursache für Maras Verärgerung: _____	Richtig	Falsch
5 Standpunkt des Jungen: _____	Richtig	Falsch
6 Gefühle des Mädchens: _____	Richtig	Falsch

c   Lesen Sie Ihrer Lernpartnerin / Ihrem Lernpartner Ihre Items vor.
Sie/er beantwortet die Fragen mit Richtig oder Falsch.
Tauschen Sie dann die Rollen und überprüfen Sie gemeinsam Ihre Antworten.

d   Bearbeiten Sie nun den Modelltest 1, Hören, Teil 3 auf Seite 30.

Hören, Teil 4			
Prüfungsziel: Radiosendungen und Tonaufnahmen verstehen			
Texte	**Aufgaben**	**Zeit**	**Hörstil**
- 1 Text	- 8 Aufgaben	ca. 12 Minuten	**global**
- **zweimal** hören	- Zuordnung	(vor dem Hören des Textes 60 Sekunden Pause, um die Items zu lesen)	
- dialogisch zwischen Moderator und 2 Gästen (Gespräch/Diskussion)			

3 Globales Hören

> **Tipp:**
> Im Teil 4 wird zwar nicht verlangt, dass Sie das Thema finden. Es ist jedoch sinnvoll, das Thema zu erkennen, damit Sie einfacher die einzelnen Meinungen / Positionen zuordnen können, denn das gibt Ihnen mehr Sicherheit.

a Was bedeutet globales Hören? Ergänzen Sie.
Man achtet nicht auf _____. Man konzentriert
sich auf _____ und die _____
(W___ spricht? W___ und w___ wird gesprochen?)

b Hören Sie die folgenden Ausschnitte aus Talkshows. Was ist das jeweilige Thema?
Kreuzen Sie an.

28 ▶

1 Gespräch 1
a Extremsport
b Freizeitbeschäftigungen
c Hobbys

> **Hinweis:**
> Bei dieser Aufgabe müssen Sie acht Aussagen drei Personen **zuordnen**. Es geht **nicht** darum, **herauszufinden**, ob die Aussagen richtig sind.

29 ▶

2 Gespräch 2
a Konsumverhalten der Kinder
b Höhe des Taschengeldes
c Bezahlung in Ferienjobs

30 ▶

3 Gespräch 3
a Einsamkeit
b Nachbarschaftshilfe
c Wohnen

> **Tipp:**
> Wenn Sie die Redemittel beherrschen, die den Standpunkt zum Ausdruck bringen, ist es einfacher, die Meinungen der Diskussionspartner zu verstehen.

28-30 ▶ **c** Hören Sie die Ausschnitte noch einmal.
Notieren Sie die Redemittel die Ihnen zeigen,
ob der Gesprächspartner einverstanden ist oder nicht.
Ordnen Sie diese in die Tabelle ein.

zustimmen	zum Teil zustimmen	widersprechen
Ja, genau!		

d Ergänzen Sie die Tabelle aus 2c mit weiteren Redemitteln.

e Erstellen Sie ein **Assoziogramm** zur folgenden Situation mit möglichen Argumenten der Gesprächspartner.

Der Moderator der Sendung „Moderne Zeiten" diskutiert mit Frau Bechstein und Herrn Wiese über das Thema „Sollte man Extremsport verbieten?"

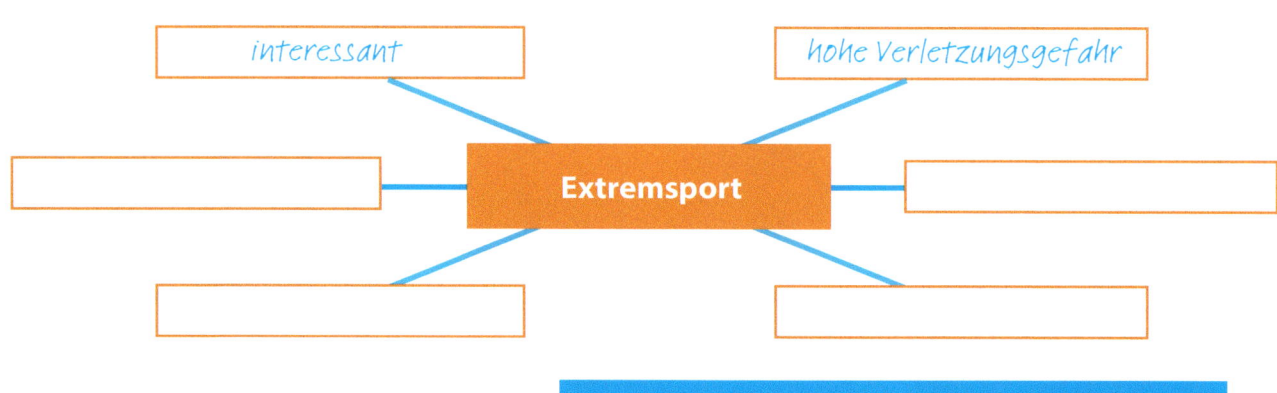

interessant

hohe Verletzungsgefahr

Extremsport

Tipp:
Lesen Sie sorgfältig die Beschreibung der Situation. Machen Sie sich vor dem Gespräch kurz Gedanken, welche Argumente die Gesprächspartner anführen könnten.

31 ▶ **f** Hören Sie nun den Text zum Thema „Sollte man Extremsport verbieten?" Lösen Sie dazu die Aufgaben 1 bis 5. Ordnen Sie die Aussagen zu: Wer sagt was? Hören Sie den Text zweimal.

Der Moderator der Sendung „Moderne Zeiten" diskutiert mit Frau Bechstein, Sportlehrerin am Leibniz Gymnasium, und Herrn Wiese, ehemaliger Extremsportler, über das Thema „Sollte man Extremsport verbieten?"

Tipp:
Unterstreichen Sie in den Aufgaben die Schlüsselwörter.

	Moderator	Frau Bechstein	Herr Wiese
0 Extremsport ist zwar interessant, aber nur wenn man zusieht.	a	b	c
1 Die meisten Menschen lehnen diesen Sport ab, weil sie Angst um ihr Leben haben.	a	b	c
2 Kletterwände sind für Kinder ohne Erfahrung gefährlich.	a	b	c
3 Beim Ausüben von Extremsport besteht eine hohe Verletzungsgefahr.	a	b	c
4 Verletzen kann man sich bei vielen Sportarten, nicht nur beim Extremsport.	a	b	c
5 Bei einer richtigen Vorbereitung ist Extremsport nicht so gefährlich.	a	b	c

g Erstellen Sie eine **Mindmap** zur folgenden Situation mit möglichen Argumenten der Gesprächspartner.

Die Moderatorin der Sendung „Kinder, Kinder!" diskutiert mit Frau Tacke und Herrn Behrendt über das Thema „Wie viel Taschengeld tut gut?"

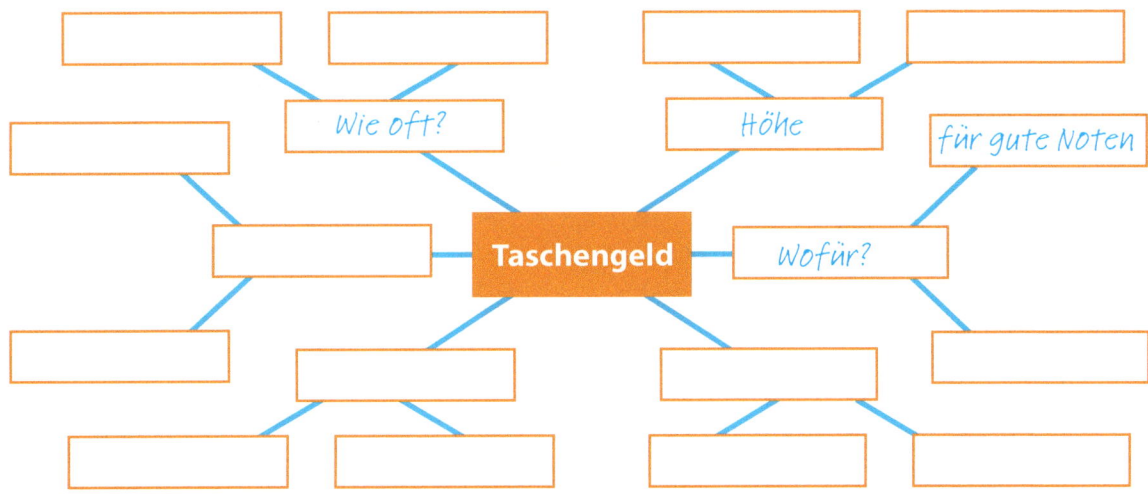

32 ▶ **h** Hören Sie nun den Text zum Thema „Wie viel Taschengeld tut gut?"
Lösen Sie dazu die Aufgaben 1 bis 6. Ordnen Sie die Aussagen zu: Wer sagt was?
Hören Sie den Text zweimal.

Die Moderatorin der Sendung „Kinder, Kinder!" diskutiert mit Frau Tacke vom deutschen Jugendinstitut und Herrn Behrendt, Redakteur der Zeitschrift „Wir und unsere Kids" über das Thema „Wie viel Taschengeld tut gut?"

Tipp:
Die Reihenfolge der Aufgaben entspricht dem Textverlauf. Das hilft Ihnen beim Zuordnen der Meinungen.

		Moderatorin	Frau Tacke	Herr Behrendt
0	Zum Thema Taschengeld gibt es verschiedene Meinungen.	☒ a	b	c
1	Bei der Höhe des Taschengeldes ist das Alter des Kindes von Bedeutung.	a	b	c
2	Durch Ferienjobs können Kinder Geld verdienen.	a	b	c
3	Den Umgang mit Geld können die Kinder nicht allein lernen.	a	b	c
4	Taschengeldtipps aus dem Internet sind manchmal unseriös.	a	b	c
5	Die Höhe des Taschengeldes richtet sich auch nach dem Einkommen der Eltern.	a	b	c
6	Streichen oder Kürzen von Taschengeld ist unpädagogisch.	a	b	c

i Bearbeiten Sie nun den Modelltest 1, Hören, Teil 4 auf Seite 30.

33 ▶ **Sie hören nun ein Gespräch. Sie hören das Gespräch einmal.**
Dazu lösen Sie sieben Aufgaben.
Wählen Sie: Sind die Aufgaben *Richtig* oder *Falsch*?
Lesen Sie jetzt die Aufgaben 16 bis 22. Dazu haben Sie 60 Sekunden Zeit.

Sie sitzen im Zug und hören, wie sich ein Mann und eine Frau unterhalten.

16	Die Frau spricht über ihr Problem am Geldautomaten.	Richtig	Falsch
17	Die Frau hat ihre Kreditkarte im Geldautomaten vergessen.	Richtig	Falsch
18	Der Mann meint, dass sie ihr Geld nicht wiederbekommt.	Richtig	Falsch
19	Die Frau will das Geld als gestohlen melden.	Richtig	Falsch
20	Geld, welches man im Automaten findet, muss man bei der Bank abgeben.	Richtig	Falsch
21	Die Bank hat dem Mann letztes Jahr bei seinem Problem geholfen.	Richtig	Falsch
22	Der Mann findet es besser, die Bank anzurufen.	Richtig	Falsch

34 ▶ **Sie hören nun eine Diskussion. Sie hören die Diskussion zweimal.**
Dazu lösen Sie acht Aufgaben. Ordnen Sie die Aussagen zu: Wer sagt was?
Lesen Sie jetzt die Aussagen. Dazu haben Sie 60 Sekunden Zeit.

Die Moderatorin der Sendung „Es geht auch anders" diskutiert mit Sandra Wagner, Studentin aus Freiburg,
und Herrn Paul Natschinski, Programmierer aus Wuppertal, über das Thema „Schluss mit der Routine".

		Moderatorin	*Sandra*	*Herr Natschinski*
	Beispiel:			
0	Der Alltag kann sehr monoton sein.	☒	b	c
23	Routine kann zu gesundheitlichen Problemen führen.	a	b	c
24	Der Alltag war früher uninteressant und ohne Sinn.	a	b	c
25	Es ist wichtig, Abwechslung in den Alltag zu bringen.	a	b	c
26	Der starke Medienkonsum führte zu Übergewicht.	a	b	c
27	Das internetfreie Leben war ein richtiger Entschluss.	a	b	c
28	Das ganze Leben zu ändern, erfordert einen starken Willen.	a	b	c
29	Die neuen Freunde waren zu Beginn skeptisch.	a	b	c
30	Auch kleine Änderungen im Alltag können helfen, die Monotonie zu überwinden.	a	b	c

FEIERN

Neujahr • *Fastnacht*
• Geburtstag • **Ostern**
• *Maifeiertag* • schmücken
• heiraten • **Abi-Feier**
• **absagen** • Jubiläum
• Weihnachten • Festtag
• **Oh, Tannenbaum!** • Gedenktag
• … feiere ich am liebsten
• **… schenke ich …** • fröhlich
• Brauch • Trauung • Alles
Gute zum …! • Herzlichen
Glückwunsch!

35 ▶ **①** **Hören Sie die Gespräche.**
Welche Feste werden in den Texten beschrieben? Notieren Sie.

Gespräch **1**	Gespräch **2**	Gespräch **3**	Gespräch **4**

A   Wortschatz

1 **Hören Sie die Gespräche von der Einstiegsseite, Seite 31, noch einmal. Welche Schlüsselwörter haben Ihnen bei der Findung des Themas geholfen? Notieren Sie.**

Gespräch **1**: _verkleidet, ..._____

Gespräch **2**: _____

Gespräch **3**: _____

Gespräch **4**: _____

2 **Nomen und Verben**

a   Was passt? Ordnen Sie zu.

1	ein Geschenk	_a, b, c, k_
2	eine Feier	_____
3	eine Party	_____
4	Fotos	_____
5	an einer Feier	_____
6	einen Brauch	_____
7	auf Fleisch	_____
8	einen Blumenstrauß	_____
9	zum Geburtstag	_____
10	Glück	_____

a	auspacken
b	bekommen
c	bringen
d	gratulieren
e	machen
f	organisieren
g	pflegen
h	stattfinden
i	teilnehmen
j	übernehmen
k	überreichen
l	verzichten
m	vorbereiten
n	wünschen

b   Schreiben Sie fünf Sätze mit den Ausdrücken aus 2a auf. Lesen Sie diese laut Ihrer Lernpartnerin / Ihrem Lernpartner vor. Sie/er versucht sie wörtlich zu wiederholen.

Er/Sie hat Folgendes gesagt: / Ich habe Folgendes gehört: Wenn man in Deutschland ein Geschenk bekommt, darf man es gleich auspacken, wenn man möchte ...

3 Synonyme

36 ▶ **a** Hören und notieren Sie die Ansagen in die linke Spalte.
Finden Sie im Anschluss das Synonym aus der rechten Spalte.

1	*ab und zu*	*i*	a	ein bisschen
2			b	ein paar
3			c	manche
4			d	jedermann/jeder
5			e	fast immer
6			f	fast nie
7			g	kaum jemand
8			h	keiner
9			i	manchmal
10			j	niemals, kein einziges Mal
11			k	oft
12			l	zahlreiche

b Ordnen Sie die Wörter.

1 etwas – ein bisschen/wenig – ~~nichts~~ – viel – ~~alles~~

alles _____

_____ *nichts*

2 die meisten – einige – fast alle – ~~niemand~~ – viele – wenige – ~~alle~~

alle _____

_____ *niemand*

c Lesen Sie Gabys Blogbeitrag.

Geburtstag ohne Feier??? Das geht gar nicht!!! Ich feiere jedes Jahr meinen Geburtstag und fast jedes Jahr feiere ich zu Hause. Geschenke mag ich nicht! Ich hasse Geschenke. Deshalb sage ich auch meinen Gästen, sie sollen nichts mitbringen. Häufig spenden sie dann Geld für einen guten Zweck. Alles, was zusammenkommt, geht dann an Ärzte ohne Grenzen. Wen ich einlade? Von meinen Kollegen bekommt jeder eine Einladung. Den Chef habe ich noch nie eingeladen. Er lädt mich ja auch nicht ein. Und meine Freundinnen? Kerstin ist im Ausland. Aber die anderen werden kommen. Da bin ich sicher. Dieses Mal werde ich zum ersten Mal einen Partyservice engagieren. Denn nach der Party musste ich bisher jedes Mal allein aufräumen.

d In einem anderen Blog schreibt Gaby einen ähnlichen Beitrag.
Ergänzen Sie den Text mit Hilfe der Informationen aus 3c.

alle | alles | ganze | fast alle | fast immer |
immer | keiner | nie | nie | niemals

Ich feiere (1) __immer__ meinen Geburtstag. (2) _____ feiere ich zu Hause. Meine Gäste bringen (3) _____ Geschenke mit, sondern sie wünschen mir (4) „_____ Gute" und spenden das Geld für einen guten Zweck. Der (5) _____ Betrag geht dann an Ärzte ohne Grenzen. Von meinen Kollegen werde ich (6) _____ einladen. (7) _____ würde ich meinen Chef einladen. Und meine Freundinnen werden (8) _____ kommen. Bisher habe ich noch (9) _____ einen Partyservice engagiert. Dieses Jahr werde ich das aber tun, denn sonst hilft mir (10) _____ beim Aufräumen.

37 ▶ e Hören Sie nun den Text und vergleichen Sie mit Ihren Lösungen aus 3d.

38 ▶ f Hören Sie den folgenden Text. Kreuzen Sie jeweils die richtige Lösung an.

1 **Heiligabend ist …**
- a der Tag vor Weihnachten.
- b nur der Abend des 24. Dezembers.
- c der Abend des ersten Weihnachtstags.

2 **Am 24. Dezember …**
- a haben alle Schüler frei.
- b haben alle nachmittags frei.
- c nehmen alle Deutschen Urlaub.

3   **Das Essen an diesem Tag ist in Deutschland …**

[a]   überall das gleiche.

[b]   fast überall das gleiche.

[c]   von Region zu Region verschieden.

4   **Emily schmückt den Weihnachtsbaum …**

[a]   immer mit ihrem Vater.

[b]   dieses Jahr zum ersten Mal.

[c]   mit ihrer kleinen Schwester.

5   **Die Sendung „Warten auf den Weihnachtsmann" …**

[a]   ist bei fast allen kleinen Kindern sehr beliebt.

[b]   ist bei allen kleinen Kindern sehr beliebt.

[c]   mag auch Emily sehr.

6   **Der Vater bekommt als Geschenk …**

[a]   jedes Jahr ein Eau de Toilette.

[b]   immer nur Hemden.

[c]   fast immer ein Eau de Toilette.

g   Lesen Sie die Transkription zu dem Hörtext aus 3f. Unterstreichen Sie die Wörter, die Ihnen bei der Lösungsfindung geholfen haben.

Heute möchte ich euch vom Heiligabend bei mir berichten. Heiligabend ist am 24. Dezember. Nicht nur der Abend vor Weihnachten wird so bezeichnet, sondern der ganze Tag heißt so. Normalerweise arbeitet man an diesem Tag. Es ist kein Feiertag, aber die meisten Deutschen arbeiten nur bis Mittag und nehmen den restlichen Tag frei. Ich bin noch Schülerin und deshalb habe ich an diesem Tag schon Weihnachtsferien. Meine Familie isst an diesem Tag immer um 12.00 Uhr zu Mittag, und zwar fast immer Fisch mit Salzkartoffeln. In anderen Teilen Deutschlands isst man allerdings Bockwurst mit Kartoffelsalat oder Heringssalat mit Kartoffeln oder Karpfen. Danach schmücke ich mit meinem Vater den Weihnachtsbaum. Das ist Tradition bei uns, also tue ich das auch dieses Jahr. Meine kleine Schwester sieht inzwischen im Fernsehen die Sendung „Warten auf den Weihnachtsmann". Die meisten Kleinkinder in Deutschland lieben diese Sendung. Als ich noch klein war, habe ich das auch manchmal gesehen. Na ja, jetzt find ich diese Sendung natürlich ein bisschen blöd. In der Zwischenzeit bereitet meine Mutter die Bescherung vor. Bescherung, das ist die eigentliche Weihnachtsfeier in der Familie, bei der die Geschenke verteilt werden. Jedes Jahr gegen 18.00 Uhr gehen wir dann in das festlich geschmückte Wohnzimmer und bestaunen den hell leuchtenden Weihnachtsbaum. Danach tauschen wir bei festlicher Weihnachtsmusik die Geschenke aus. Mein armer Vater bekommt – wie jedes Weihnachten – zwei Hemden zum Geschenk. Na ja, nicht nur: Meistens bekommt er noch ein Eau de Toilette und dieses Jahr auch ein paar tolle Kopfhörer. Oft sitzen wir dann noch gemeinsam zusammen, reden und hören Musik.

4 **Ordnen Sie die Begriffe aus dem Kasten den Kategorien zum Thema *feiern* zu.**

Ergänzen Sie, wenn nötig, die Artikel und Präpositionen. Drei Begriffe passen nicht.

> anwesend | Balkon | Büro | Club | dreitägig |
> Eltern | Familienkreis | Feuerwerk | Freunde | fröhlich |
> Garten | groß | Haus | Jubiläum | Kinder | klein |
> lustig | Mitschüler | Mitschülerinnen | öffentlich |
> Partner | Partnerin | privat | religiös | Schule |
> stimmungsvoll | traditionell | Verein | zweitägig

Wie?	Mit wem?	Wo?
dreitägig	*mit den Eltern*	*im Büro*

5 **Sprachvarietäten aus Berlin und München**

a Lesen Sie den folgenden Text.

> Was Muttertag für mich bedeutet? Ja, da bringt mir mein Mann das Frühstück ans Bett und mein kleiner Sohn liest mir ein Gedicht vor. Dann stehe ich auf und finde jedes Jahr einen riesigen Blumenstrauß auf unserem Wohnzimmertisch. Mein Mann schmeißt den Haushalt und kocht. Am Abend gehen wir dann noch alle drei schön essen. Na ja, und am nächsten Tag ist es dann auch schon wieder vorbei und der Alltag beginnt.

39 ▶ **b** Sie hören nun den Text auf Hochdeutsch und dann in zwei weiteren verschiedenen Sprachvarietäten. Was fällt Ihnen auf? Ordnen Sie zu.

Variante **1** Hochdeutsch	Variante **2** Berlinerisch	Variante **3** Bairisch
auf	*uff*	

Hinweis:		
In der Prüfung werden die Hörtexte von Deutschen, Österreichern und Schweizern in der Standardsprache gesprochen. Die Aussprache ist nur leicht regional gefärbt.	auf → uff	einen → oan	kleiner → kleener
	das → det	gehen → jeh`n	mich → mi
	ein → a	ich → i	mir → mia (mir)
	ein → een	ich → ick	was → wat
	einen → een	kleiner → kloaner	was → woas

c Was fällt Ihnen noch auf? (z.B. Aussprache bestimmter Buchstaben)

_____

B Hörtraining

1 Hören, Teil 1

a Bringen Sie die Strategiepunkte in die richtige Reihenfolge.

- [ ] Ich höre den Text zum zweiten Mal und konzentriere mich auf wichtige Informationen/ Einzelheiten, um die zweite Aufgabe zu lösen. (Hörstil: selektiv)
- [ ] Ich unterstreiche beim Lesen Schlüsselwörter.
- [ ] Ich überlege, welche Antworten richtig sein könnten.
- [1] Ich habe 10 Sekunden Zeit. Ich lese die beiden Aufgaben zum Text ganz genau.
- [ ] Ich höre weiterhin aufmerksam zu und konzentriere mich auf die Beantwortung der ersten Aufgabe. (Hörstil: global)
- [ ] Ich höre den Einleitungssatz und konzentriere mich auf das Thema und die Situation (Wer spricht? Wo und warum wird gesprochen?)

b Was tun Sie vor dem Hören und was während des Hörens?

> vor dem Hören: _1,_____
>
> während des Hörens: _____

> **Tipp:**
> Wenn Sie beim ersten Hören bereits beide Fragen beantwortet haben, nutzen Sie das zweite Hören dazu, Ihre Antworten zu überprüfen.

40 ▶

c Hören Sie die folgenden kurzen Texte. Um welche Situation geht es?

Text 1	_c_	a	Durchsage im Kaufhaus
Text 2	_____	b	Durchsage im Bahnhof
Text 3	_____	c	Ansage im Radio
Text 4	_____	d	Durchsage im Zug
Text 5	_____	e	Durchsage im Flugzeug
Text 6	_____	f	Durchsage in der Schule
Text 7	_____	g	Durchsage im Stadion

> **Tipp:**
> Wenn Sie kurze Ansagen hören, ist es sehr wichtig, schnell die Situation zu erfassen.

d Bearbeiten Sie nun den Modelltest 2, Hören, Teil 1 auf Seite 39.

3

Tipp:
In der Prüfung ist es **nicht wichtig**, dass Sie jedes Wort verstehen. Wenn Sie aber die Schlüsselwörter verstehen, werden Sie die Aufgaben leichter lösen können.

2 Hören, Teil 2

a Bringen Sie die Strategiepunkte in die richtige Reihenfolge.

[ ] Ich überlege mir Synonyme oder Paraphrasen zu den Schlüsselwörtern.

[ ] Ich unterstreiche beim Lesen Schlüsselwörter.

[ ] Ich überlege, welche Antworten richtig sein könnten.

[ ] Ich lese alle Aufgaben zum Text möglichst schnell und ganz genau.

[ ] Ich höre den Text und konzentriere mich auf die Schlüsselwörter. (Hörstil: selektiv)

[1] Ich habe 60 Sekunden Zeit. Ich lese den Einleitungssatz und stelle mir die Situation vor.

41 ▶

b Hören Sie den folgenden Text. In welcher Reihenfolge behandelt der Redner die folgenden Themen?

[ ] der Karneval und die Französische Revolution

[ ] heutige Traditionen

[ ] die ELF als Symbol

[ ] alte Traditionen

[1] Beginn der Karnevalssaison

Hinweis:
Je öfter Sie die Strategien üben, **desto schneller** werden Sie sie anwenden können. So werden Sie die Zeit vor dem Hören effektiv nutzen können.

41 ▶

c Hören Sie den Text noch einmal. Wählen Sie bei jeder Aufgabe die richtige Lösung a, b, oder c.

1 In einigen Gebieten Europas beginnt der Karneval …
[a] am 11.11.
[b] vor dem Ende des Winters.
[c] im Frühling.

2 Der Karneval …
[a] hat rein christliche Wurzeln.
[b] hat vorchristliche Wurzeln.
[c] wird mit Wild, Beeren und Pilzen gefeiert.

3 Die Zahl 11 symbolisiert …
[a] das Prinzenpaar.
[b] die Einheit und Gleichheit zwischen den Menschen.
[c] eine neue Hierarchie.

4 E-L-F ist ein Ausdruck, …
[a] der die Französische Revolution kritisiert.
[b] der für den Freiheitswillen der Kölner steht.
[c] der seine magische Kraft verloren hat.

d Bearbeiten Sie nun den Modelltest 2, Hören, Teil 2 auf Seite 40.

42 ▶ **Sie hören nun fünf kurze Texte.**
Sie hören jeden Text zweimal.
Zu jedem Text lösen Sie zwei Aufgaben.
Wählen Sie bei jeder Aufgabe die richtige Lösung.
Lesen Sie zuerst das Beispiel. Dazu haben Sie 10 Sekunden Zeit.

Beispiel

01 Das Ehepaar ist 50 Jahre verheiratet.　　　　[~~Richtig~~]　　[Falsch]

02 Die Fluggesellschaft schenkt …　　　[a] einen Flug.

　　　[b] etwas aus dem Dutyfree-Shop.

　　　[☒] etwas zu essen und zu trinken.

Text 1

1 Sie hören Werbung für eine Disco.　　　　[Richtig]　　[Falsch]

2 Wenn jemand Musikwünsche hat, sollte er …　　[a] anrufen.

　　　[b] mailen.

　　　[c] eine SMS schicken.

Text 2

3 Das Kaufhaus besteht schon seit 25 Jahren.　　　[Richtig]　　[Falsch]

4 Das Angebot gilt …　　　[a] für die ganze Woche.

　　　[b] nur für heute.

　　　[c] nur für Damenschuhe.

Text 3

5 Die Durchsage ist ausschließlich für Schüler der achten Klasse.　　　[Richtig]　　[Falsch]

6 Die Helfer …　　　[a] brauchen nicht zur letzten Unterrichtsstunde zu erscheinen.

　　　[b] sollen an der Bar mithelfen.

　　　[c] sollen sich um 18.00 Uhr in der Turnhalle melden.

Text 4

7 Im Zug findet gerade eine Feier statt.　　　　[Richtig]　　[Falsch]

8 Wer den Partyzug buchen will, …　　　[a] kann sich im Internet informieren.

　　　[b] muss bei der Organisation helfen.

　　　[c] bekommt einen Rabatt.

Text 5

9 Die Feier findet auf jeden Fall am 17. Juli statt.　　　[Richtig]　　[Falsch]

10 Saskia möchte wissen, …　　　[a] ob die Klasse im Rathaus feiern darf.

　　　[b] wer der Chefkoch ist.

　　　[c] wie viele Gäste kommen werden.

Sie hören nun einen Text. Sie hören den Text einmal.
Dazu sollen Sie fünf Aufgaben lösen.
Wählen Sie bei jeder Aufgabe die richtige Lösung a, b oder c.
Lesen Sie zuerst die Aufgaben. Dazu haben Sie 60 Sekunden Zeit.

Sie hören eine Begrüßung junger auszubildender Köche durch den Chefkoch.

11   Die Azubis …
- a   haben heute viel zu tun.
- b   kommen aus Bayern.
- c   mussten heute früh aufstehen.

12   Die Gäste …
- a   haben verschiedene Wünsche.
- b   kommen in 10 Minuten.
- c   sind fast alle Vegetarier.

13   Köche …
- a   dürfen keine Fragen stellen.
- b   haben oft Kopfschmerzen.
- c   zeigen nicht ihren Stress.

14   Die neue Speisekarte …
- a   bespricht der Chefkoch mit einigen Azubis.
- b   ist eine Frage der Kreativität.
- c   wird jährlich neu geplant.

15   Das Küchenpersonal …
- a   braucht heute nur wenig Hilfe von den Azubis.
- b   hat das heutige Fest schon lange vorbereitet.
- c   wird die Küche ohne die Azubis sauber machen.

GESUNDHEIT

sich wohlfühlen • **keinen Appetit**
• Kopfschmerzen • die Diät •
dreimal täglich • der Magen • das
Herz • Medikamente • schlapp
• **gesund** • krank • **das Krankenhaus**
• der Sport • der Arzttermin •
die Praxis •
sich krankmelden •
das Rezept •
sich erholen •
… tut mir weh!
• **Es geht mir schon viel
besser!** • Ich habe Fieber.

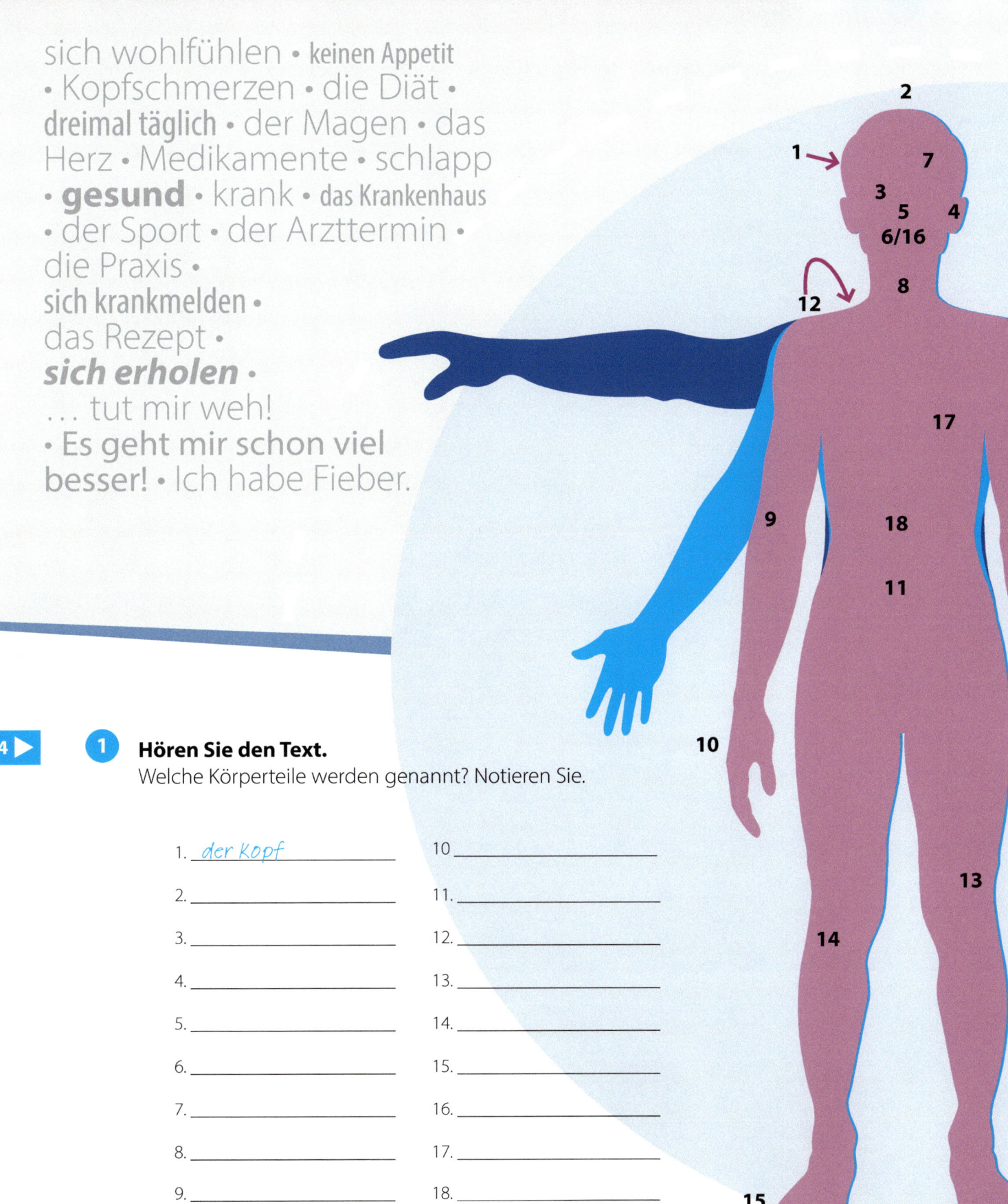

44 ▶

1 **Hören Sie den Text.**
Welche Körperteile werden genannt? Notieren Sie.

1. *der Kopf* _____ 10. _____

2. _____ 11. _____

3. _____ 12. _____

4. _____ 13. _____

5. _____ 14. _____

6. _____ 15. _____

7. _____ 16. _____

8. _____ 17. _____

9. _____ 18. _____

4

A Wortschatz

1 Unser Körper

a Was tun diese Körperteile? Ordnen Sie zu.

1	die Augen	_k_		a	anfassen
2	das Gehirn	_____		b	atmen
3	die Haare	_____		c	ausfallen
4	die Hand	_____		d	beißen
5	das Herz	_____		e	beugen
6	die Knie	_____		f	denken
7	die Lunge	_____		g	greifen
8	der Mund	_____		h	hören
9	die Nase	_____		i	niesen
10	die Ohren	_____		j	reden
11	die Zähne	_____		k	sehen
				l	schlagen

b Was tun wir für diese Körperteile / mit diesen Körperteilen? Ordnen Sie zu.

> beugen | eincremen | föhnen | lackieren | putzen |
> schminken | schneiden | waschen

1	die Augen	_____
2	die Finger- und Fußnägel	_____
3	die Füße	_____
4	das Gesicht	_____
5	die Haare	_____
6	das Knie	_____
7	die Lippen	_____
8	die Nase	_____
9	die Zähne	_____

c Lesen Sie den folgenden Text. Stellen Sie Vermutungen an, welche Zahlen in die jeweiligen Lücken passen könnten.

Der menschliche Körper in Zahlen

Der moderne Mensch existiert seit circa (1) _____200.000_____ Jahren, aber sein Körper war

und ist ein wahres Wunder der Natur: Der Körper eines jeden einzelnen Menschen leistet jede

Minute, ja jede Sekunde, Unglaubliches.

So schlägt unser Herz (2) _____ Mal während unseres ganzen Lebens und pumpt

dabei täglich ca. (3) _____ Liter Blut durch unseren Körper. Durch unsere Lunge

strömen pro Tag rund (4) _____ Liter Luft. Wir schwitzen während unseres Lebens

ungefähr (5) _____ Liter Schweiß aus, und unsere Augen unterscheiden bis zu

(6) _____ Farben. Apropos Augen: Die können rund (7) _____

Eindrücke pro Sekunde verarbeiten. Der Oberschenkel eines einzigen Menschen kann das

Gewicht von (8) _____ Männern aushalten. Und das ist längst noch nicht alles,

denn wir haben (9) _____ Knochen und (10) _____ Muskeln. Mit

einigen von ihnen legen wir in unserem Leben nicht weniger als (11) _____

Kilometer zurück. Im Lauf unseres Lebens kann sich unser Skelett bis zu (12) _____

Mal vollständig erneuern und wir bilden bis zu (13) _____ Mal mehr neue Zellen

als die Milchstraße Sterne hat. Jeder Mensch hat ungefähr (14) _____ Haare auf

dem Kopf, von welchen jedes bis zu (15) _____ Jahre alt werden kann. Würden

wir unsere Haare niemals schneiden, wären sie nach (16) _____ Jahren etwa

(17) _____ Meter lang. Und unsere Fingernägel? Ungefähr (18)

_____ Meter. Rein theoretisch natürlich. Unser Gehirn besitzt (19)

_____ Zellen. Mit unserer Nase können wir bis zu (20) _____

verschiedene Gerüche wahrnehmen und unser größtes Organ – die Haut – wird bis zu (21)

_____ Kilo schwer und ist (22) _____ Quadratmeter groß.

45 ▶

d Hören Sie nun den Text und ergänzen Sie die Zahlen im Text aus 1c.

e Lesen Sie Ihrer Lernpartnerin / Ihrem Lernpartner den Text mit Ihren Ergänzungen vor. Überprüfen Sie gegenseitig Ihre Notizen. Hören Sie den Text ggf. ein zweites Mal.

f Notieren Sie aus dem Text der Aufgabe 1c Synonyme zu etwa.
circa, …

g Formen Sie die folgenden Ausdrücke um.

1 Ein Herz, das schlägt, ist ein _____*schlagendes*_____ Herz.

2 Schäden, die bleiben, sind _____ Schäden.

3 Ein Bein, das gebrochen ist, ist ein _____ Bein.

4 Ein Zahn, der schmerzt, ist ein _____ Zahn.

5 Ein Arzt, der Patienten behandelt, ist ein Patienten _____ Arzt.

6 Ein Patient, der behandelt wurde, ist ein _____ Patient.

7 Ein Krankenpfleger, der hilft, ist ein _____ Krankenpfleger.

8 Eine Zutat, die Fettleibigkeit verursacht, ist eine Fettleibigkeit _____ Zutat.

9 Ein Medikament, das schnell wirkt, ist ein schnell _____ Medikament.

10 Ein Gesicht, das geschminkt wurde, ist ein _____ Gesicht.

2 Wohlbefinden

a Ergänzen Sie den Text mit den Wörtern aus dem Kasten in der richtigen Form. Drei Wörter passen nicht.

> Körper | Krankenhaus | niesen | operieren | übertragen |
> verursachen | Viren | Krankenpfleger

Viren und Bakterien können bei Menschen und Tieren Krankheiten (1) _____. Manche (2) _____ sind die Ursache für Schnupfen. (3) _____ man, kommen diese Viren an die Luft und werden auf einen anderen Menschen (4) _____. Viren gelangen mit der Atemluft, dem Essen oder Blut in unseren (5) _____.

b Wie kann man Krankheiten vorbeugen? Ordnen Sie zu.

kostenlose Impfungen anbieten

über Krankheiten aufklären

sich oft die Hände waschen

sich gesund ernähren

regelmäßig Sport treiben

der Staat

ausreichend schlafen

in den Schulen

zu Vorsorgeuntersuchungen gehen

jeder von uns

sich gegen Grippe impfen lassen

auf Hygiene achten

Zigarettenwerbung verbieten

c Machen Sie Vorschläge, wie man Krankheiten vorbeugen kann. Verwenden Sie die Ausdrücke aus 2b.

1 Jeder von uns _____.

2 Achten Sie _____.

3 Es wäre gut, wenn _____.

4 Treiben Sie _____.

5 Der Staat sollte _____.

6 _____.

7 _____.

8 _____.

d Finden Sie möglichst viele Wörter zum Thema Krankenhaus.

K	I	N	D	E	R	A	R	Z	T	D	Z	M	D	N	P	A
L	H	Z	W	R	K	M	H	M	H	D	H	K	Z	Y	A	Q
I	O	Y	A	F	H	B	O	P	E	R	A	T	I	O	N	N
N	R	J	R	A	U	U	S	P	R	I	T	Z	E	E	B	F
I	T	L	T	C	B	L	U	T	A	B	N	A	H	M	E	K
K	H	A	E	H	L	A	H	K	P	G	V	W	N	L	R	L
H	O	N	Z	A	A	N	T	L	I	L	K	D	U	M	A	S
O	P	T	I	R	R	Z	Y	A	E	M	K	Y	Q	T	T	Z
L	A	M	M	Z	F	O	R	S	C	H	U	N	G	V	U	Y
S	E	D	M	T	U	N	T	E	R	S	U	C	H	U	N	G
N	D	S	E	K	L	F	S	O	R	M	L	S	U	C	G	T
Q	E	K	R	A	N	K	E	N	K	A	S	S	E	K	J	N

Hinweis:
Ä=AE
Ö=OE
Ü=UE

46 ▶ **e** Hören Sie die folgenden Definitionen von Begriffen aus 2d. Welcher Text passt zu welchem Begriff? Ordnen Sie zu.

Text __	Text __	Text __	Text __	Text __
Ambulanz	Kinderarzt	Klinik	Orthopäde	Wartezimmer

f   Hören Sie die Texte noch einmal. Welche Schlüsselwörter haben Ihnen bei der Lösungsfindung geholfen? Notieren Sie.

1   Ambulanz: _____

2   Kinderarzt: _____

3   Klinik: _____

4   Orthopäde: _____

5   Wartezimmer: _____

g   Ergänzen Sie die folgenden Sätze mit Wörtern aus 2d.

1   Dr. Bernhardt hat gerade eine schwere _____ durchgeführt.

2   Wir müssen noch wissen, ob Ihre Blutwerte in Ordnung sind. Bitte gehen Sie zur _____ in den dritten Stock.

3   Wie jedes Jahr während einer Grippewelle sind auch dieses Jahr die _____ wieder voll mit Patienten.

4   Ihr Kind spielt zu viel und zu lange am Computer? Dann sollten Sie eine Sucht-_____ aufsuchen. Vielleicht braucht Ihr Kind eine _____.

5   Viele Menschen haben Angst vor einer _____. Aber eigentlich tut es gar nicht weh.

6   Bei diesem dichten Verkehr hat die _____ Probleme, rechtzeitig im Krankenhaus anzukommen.

3 Gesunde Ernährung

47 ▶

a   Hören Sie den folgenden Text. Welches Lebensmittel hat welche Wirkung? Kreuzen Sie an.

Wirkung bei … / Lebensmittel	Erkältung	Schlaf-losigkeit	Appetit-losigkeit	Falten	Demenz	Muskelkater
Bananen						
Ingwer						
Karotten						
Lachs						
Löwenzahn						
Mandeln						
Spinat						
Tomaten						

b Hören Sie die Texte noch einmal. Welche Ausdrücke, Synonyme bzw. Umschreibungen haben Ihnen bei der Lösungsfindung geholfen? Notieren Sie.

1 Muskelkater: _____

2 Erkältung: _____

3 Falten: _____

4 Schlaflosigkeit: _____

5 Appetitlosigkeit: _____

6 Demenz: _____

c Adjektivsuffixe. Wählen Sie zu den Nomen die geeigneten Suffixe aus dem Kasten. Benutzen Sie ggf. ein Wörterbuch.

| -arm | -frei | -los | -reich | -voll |

1 Abwechslung(s) _abwechslungsreich_____

2 Alkohol _____

3 Appetit _____

4 Atem _____

5 Blut _____

6 Fett _____

7 Fleisch _____

8 Hilfe _____

9 Protein _____

10 Schmerz(en) _____

11 Vitamin _____

12 Zahn _____

13 Zucker _____

d Welche Beschreibung passt zu welchem Adjektiv?

1 schmerzarm: _____

2 schmerzfrei: _____

3 schmerzlos: _____

4 schmerzensreich: _____

5 schmerzvoll: _____

ohne Schmerzen
viele/starke Schmerzen
fast ohne Schmerzen

e Welche Adjektive aus 3c passen zu den Nomen?

1	Behandlung: _____
2	Gemüse: _____
3	Getränke: _____
4	Ernährung: _____
5	Lebensweise: _____

f Ordnen Sie die Begriffe aus dem Kasten den Kategorien zu.

> abnehmen | abraten | dick machen | empfehlen | essen | das Etikett |
> enthalten | das Fertiggericht | die Fertigsoßen | der Geschmack |
> die Herz-Kreislauf-Erkrankung | hungrig | kennzeichnen | konsumieren |
> Krebs verursachen | neueste Erkenntnisse | pikant | preisgünstig | produzieren |
> raten | satt | sauer | der Stoff | das Übergewicht | verbraucherfreundlich |
> vermeiden | die Verpackung | verwenden | verzichten | werben |
> der Werbetrick | zu sich nehmen | zufrieden sein | zunehmen | die Zutat

Lebensmittel	Lebensmittelindustrie	Verbraucher	WHO[1]
		abnehmen, ...	

[1] WHO: Weltgesundheitsorganisation

g Bilden Sie aus den Satzteilen vollständige Sätze.

1 Lebensmittel / oft / Schadstoffe / enthalten
Lebensmittel enthalten oft Schadstoffe. _____.

2 die Verbraucher / häufig / auf die Werbetricks der Lebensmittelindustrie / hereinfallen
_____.

3 die WHO / weniger Fleisch essen / empfehlen
_____.

4 zu viel Fett / dick machen / und / Herz-Kreislauf-Probleme verursachen
_____.

5 auf Verpackungen / Zutaten / müssen / aufgelistet werden
_____.

6 zu hoher Zuckerkonsum / nach neusten Erkenntnissen / können / Krebs verursachen
_____.

7 die Kennzeichnung auf Verpackungen / verbraucherfreundlich / sollen / sein
_____.

Hörtraining

1 **Hören, Teil 3**

a Bringen Sie die Strategiepunkte in die richtige Reihenfolge.

☐ Anhand der Aufgaben denke ich mich in das Thema hinein.

☐ Ich überlege, welche Antworten richtig sein könnten.

1 Ich habe 60 Sekunden Zeit. Ich lese die Aufgaben zum Text ganz genau.

☐ Ich unterstreiche beim Lesen Schlüsselwörter.

☐ Ich höre aufmerksam zu und konzentriere mich auf die Beantwortung der Aufgaben.

> **Tipp:**
> Anhand der Aufgaben
> können Sie **das Thema** erkennen.

b Was tun Sie vor dem Hören und was während des Hörens?

vor dem Hören: *1,*_____

während des Hörens: _____

c Lesen Sie die folgenden Aufgaben und unterstreichen Sie Schlüsselwörter. Was ist das Thema?

1	Vicky und Tanju kennen sich von der Schule.	Richtig	Falsch
2	Die Ärzte waren sehr kompetent.	Richtig	Falsch
3	Dem Mädchen geht es jetzt wieder besser.	Richtig	Falsch
4	Der Junge hat eine ähnliche Operation noch vor sich.	Richtig	Falsch
5	Es gibt Beratungsstellen für diese Krankheit.	Richtig	Falsch
6	Die Krankenkasse übernimmt die Kosten für die Behandlung.	Richtig	Falsch
7	Das Mädchen möchte den Jungen in der Klinik besuchen.	Richtig	Falsch

Thema: _____

48 ▶ **d** Hören Sie nun den Text. Lösen Sie die Aufgaben aus 1c.

48 ▶ **e** Hören Sie den Text noch einmal. Wie wird es im Text gesagt?

1 Die Ärzte waren sehr kompetent:

_____

_____ .

2 Dem Mädchen geht es jetzt wieder besser:

_____

_____ .

3 Die Krankenkasse übernimmt die Kosten für die Behandlung:

_____

_____ .

48 ▶ **f** Hören Sie den Text noch einmal. Warum sind die folgenden Aussagen falsch?

1 Die beiden kennen sich von der Schule.

Die beiden Jugendlichen sprechen im Text über die Schulmeisterschaft.
Es wird nicht gesagt, dass sie sich von der Schule kennen.

2 Der Junge hat eine ähnliche Operation noch vor sich.

_____

_____ .

3 Es gibt Beratungsstellen für diese Krankheit.

_____

_____ .

4 Das Mädchen möchte den Jungen in der Klinik besuchen.

_____

_____ .

g Bearbeiten Sie nun den Modelltest 2, Hören, Teil 3 auf Seite 53.

2 Hören, Teil 4

a Bringen Sie die Strategiepunkte in die richtige Reihenfolge.

☐ Anhand des Einleitungssatzes und der Aufgaben denke ich mich in das Thema hinein.

☐ *1* Ich habe 60 Sekunden Zeit. Ich lese aufmerksam den Einleitungssatz und die Aufgaben.

☐ Ich sehe mir die Namen der Sprecher an und überlege, wer ein Mann ist und wer eine Frau.

☐ Beim zweiten Hören löse ich die restlichen Aufgaben und kontrolliere die bereits gelösten.

☐ Beim ersten Hören mache ich mich mit den Stimmen der Sprecher vertraut und lerne das Thema kennen. Ich kreuze schon diejenigen Lösungen an, bei denen ich mir sicher bin.

b Was tun Sie vor dem Hören und was während des Hörens?

vor dem Hören: *1,*_____

während des Hörens: _____

c Lesen Sie den Einleitungssatz und die folgenden Aufgaben und unterstreichen Sie Schlüsselwörter. Was ist das Thema?

Die Moderatorin der Sendung „Bleiben Sie gesund!" diskutiert mit Frau Reitzig vom Verbraucherschutz und Herrn Dr. Ebinger, der als Diätologe am hiesigen Diabetes-Forschungsinstitut tätig ist, über das Thema „Vorsicht Zucker!"

Beispiel:

0 Fertigprodukte enthalten oft viel Zucker.

1 Der Verbraucher kann auf der Verpackung von Lebensmitteln gut erkennen, wie viel Zucker das Produkt enthält.

2 Der Verbraucher versteht vieles nicht, was auf der Verpackung steht.

3 Zucker kann Krankheiten verursachen.

4 Die Lebensmittelindustrie ist an einer verbraucherfreundlichen Lösung nicht interessiert.

5 Besonders Lebensmittel für Kinder sind viel zu zuckerhaltig.

6 Mit der richtigen Einkaufsplanung kann man den Konsum von Fertigprodukten vermeiden.

7 Durch Verzicht auf Limonade kann man abnehmen.

8 Wenn man zu viel Zucker isst, schmecken süße Früchte sauer.

Thema: _____

49 ▶ **d** Hören Sie den Text zum Thema „Vorsicht Zucker!" Lösen Sie dazu die Aufgaben 1 bis 8. Achten Sie auch auf die Stimmen der Sprecher: Sind die Stimmen männlich oder weiblich? Sind die Sprecher jünger oder älter? Wie ist die Stimmlage - hoch oder tief? Ordnen Sie die Aussagen zu: Wer sagt was?

Die Moderatorin der Sendung „Bleiben Sie gesund!" diskutiert mit Frau Reitzig vom Verbraucherschutz und Herrn Dr. Ebinger, der als Diätologe am hiesigen Diabetes-Forschungsinstitut tätig ist, über das Thema „Vorsicht Zucker!"

	Moderatorin	Frau Reitzig	Dr. Ebinger
Beispiel:			
0 Fertigprodukte enthalten oft viel Zucker.	☒	b	c
1 Der Verbraucher kann auf der Verpackung von Lebensmitteln gut erkennen, wie viel Zucker das Produkt enthält.	a	b	c
2 Der Verbraucher versteht vieles nicht, was auf der Verpackung steht.	a	b	c
3 Zucker kann Krankheiten verursachen.	a	b	c
4 Die Lebensmittelindustrie ist an einer verbraucherfreundlichen Lösung nicht interessiert.	a	b	c
5 Besonders Lebensmittel für Kinder sind viel zu zuckerhaltig.	a	b	c
6 Mit der richtigen Einkaufsplanung kann man den Konsum von Fertigprodukten vermeiden.	a	b	c
7 Durch Verzicht auf Limonade kann man abnehmen.	a	b	c
8 Wenn man zu viel Zucker isst, schmecken süße Früchte sauer.	a	b	c

49 ▶ **e** Hören Sie den Text noch einmal und überprüfen bzw. vervollständigen Sie Ihre Antworten aus 2d.

Tipp:
Sobald Sie die Sprecher zum ersten Mal hören, machen Sie unter den Namen der Sprecher Notizen zum Geschlecht, Alter und Stimmlage. So können Sie die Stimmen besser unterscheiden..

f Bearbeiten Sie nun den Modelltest 2, Hören, Teil 4 auf Seite 54.

Sie hören nun ein Gespräch. Sie hören das Gespräch einmal.
Dazu lösen Sie sieben Aufgaben.
Wählen Sie: Sind die Aufgaben *Richtig* oder *Falsch*?
Lesen Sie jetzt die Aufgaben 16 bis 22. Dazu haben Sie 60 Sekunden Zeit.

Sie sitzen im Café und hören, wie sich ein Student und eine Studentin unterhalten.

16	Die Studentin geht mit Lebensmitteln in die Disko.	Richtig	Falsch
17	Lebensmittel mit Schönheitsfehlern werden billiger verkauft.	Richtig	Falsch
18	Ca. ein Drittel der Lebensmittel wird weggeworfen.	Richtig	Falsch
19	Beim Kochen hören die Jugendlichen Musik.	Richtig	Falsch
20	Slow Food hat es geschafft, dass die Lebensmittel gut, sauber und fair produziert werden.	Richtig	Falsch
21	Die Studentin meint, dass man keine Burger essen sollte.	Richtig	Falsch
22	Der Student soll nicht so schnell essen.	Richtig	Falsch

Sie hören nun eine Diskussion. Sie hören die Diskussion zweimal.
Dazu lösen Sie acht Aufgaben. Ordnen Sie die Aussagen zu: Wer sagt was?
Lesen Sie jetzt die Aussagen. Dazu haben Sie 60 Sekunden Zeit.

Die Moderatorin der Sendung „Gesundheit!" diskutiert mit Frau Krause, Forscherin an einem Schlafforschungsinstitut, und Herrn Wegener, Redakteur der Zeitschrift „Jung und gesund", über das Thema „Smartphone statt Kuschelbär".

		Moderatorin	Herr Wegener	Frau Krause
Beispiel:				
0	Früher waren die Einschlafgewohnheiten anders.	☒	b	c
23	Die meisten Jugendlichen glauben, ohne Handy nicht leben zu können.	a	b	c
24	Viele Jugendliche benutzen ihr Handy auch in der Nacht.	a	b	c
25	Jugendliche können vom Handy abhängig werden.	a	b	c
26	Nur sehr wenige Jugendliche haben ihr Handy nicht im Schlafzimmer.	a	b	c
27	Das Handy unter dem Kopfkissen zu haben, ist gefährlich.	a	b	c
28	Handynutzung in der Nacht führt zu Müdigkeit am Tag.	a	b	c
29	Zu wenig Schlaf schadet der Gesundheit.	a	b	c
30	Hoher Medienkonsum führt nicht unbedingt zu schlechteren Leistungen.	a	b	c

BEZIEHUNGEN

5

… ist verliebt in … • die Familie • … **finde ich sympathisch** • … mag ich nicht • **für immer und ewig** • **befreundet** • Lebenspartnerschaft • Verwandte • **Bekannte** • Zeit miteinander verbringen • **die Wochenendbeziehung** • das Gefühl • gleichgültig • blöd • **alleinerziehend** • ledig • … geht mir **wahnsinnig auf die Nerven** • wir streiten uns ständig

---

1 **Hören Sie die folgenden Texte.**

52 ▶ **a** Welche Person passt zu welchem Familienstand? Ordnen Sie zu.

Person ___	Person ___	Person ___	Person ___	Person ___
geschieden	ledig	verheiratet	verlobt	verwitwet

52 ▶ **b** Hören Sie die Texte noch einmal.
Welche Schlüsselwörter haben Ihnen bei der Lösungsfindung geholfen?

geschieden:	_____
ledig:	_____
verheiratet:	_____
verlobt:	_____
verwitwet:	_____

A Wortschatz

1 Interessante Menschen

53 ▶ **a** Hören Sie den Text. Ordnen Sie die Merkmale und Eigenschaften den Personen zu.

	Mai-Lin	Mutter	Vater	Bruder
jung		X	X	
dunkelhaarig				
blond				
unordentlich				
temperamentvoll				
ruhig				
ordentlich				
klein				
groß				
lustig				
schnell wütend				
faul				
fleißig				
schnell				
traurig				
blöd				
hübsch				
intelligent				
stark				
geizig				
großzügig				

b Bilden Sie mit den Adjektiven aus 1a – wo möglich – Gegensatzpaare. Nicht alle Adjektive in 1a haben ein passendes Gegenteil. Versuchen Sie es selbst zu finden.

dunkelhaarig ≠ blond

c Bilden Sie 5 Sätze mit den Adjektiven aus 1b. Verwenden Sie dabei die Doppelkonjunktionen.

> entweder … oder … | nicht nur … sondern auch … | weder …noch …
> sowohl … als auch … | zwar … aber …

Pedros ist sehr unausgeglichen. Er ist entweder lustig oder traurig. Das nervt!
Inga ist nicht nur hübsch, sondern auch …
…

d Schreiben Sie einen kleinen Text über einen interessanten Menschen aus Ihrer Verwandtschaft oder aus Ihrem Bekanntenkreis. (Beziehung zu Ihnen, Name, Herkunft, Aussehen, Charakter, Hobbys).

Ich möchte Ihnen meine/meinen _____ vorstellen. Er/Sie heißt

_____ und kommt aus _____ .

Er/Sie ist nicht nur _____ , sondern auch

_____ . Seine/Ihre Haare sind _____

und er/sie hat _____ Augen. Besonders gefällt mir an ihm/

ihr sowohl sein(e)/ihr(e) _____ als auch _____ .

Er/Sie hat einen eher _____ Charakter. Er/Sie kann aber auch

sehr _____ sein/werden. Das mag ich (nicht) so an ihm/ihr.

Sein(e)/Ihr(e) Hobby(s) ist/sind _____ .

e Lesen Sie Ihrer Lernpartnerin / Ihrem Lernpartner Ihren Text aus der Aufgabe 1d vor. Sie/er macht Notizen im unten stehenden Kasten.

Beziehung: _____

Name: _____

Herkunft: _____

Aussehen: _____

Charakter: _____

Hobbys: _____

f Ihre Lernpartnerin / Ihr Lernpartner präsentiert nun mit Hilfe ihrer/seiner Notizen die Person Ihrer Wahl. Kontrollieren Sie, ob sie/er alles richtig verstanden hat und korrigieren Sie, wenn nötig. Tauschen Sie dann die Rollen.

54 ▶ **g** Hören Sie den folgenden Text und machen Sie Notizen.

Beziehung: _____

Name: _____

Herkunft: _____

Aussehen: _____

Charakter: _____

Hobbys: _____

5

2 Lebensformen

a Welche Lebensform passt zu welcher Beschreibung? Ordnen Sie zu. Ergänzen Sie andere Ihnen bekannte Lebensformen und beschreiben Sie diese.

Lebensform	In diesem Haushalt lebt/leben …
Single	Vater, Mutter, eigenes Kind/eigene Kinder
Patchworkfamilie	eine Person allein
„traditionelle" Familie	Frauen, Männer unterschiedlichen Alters mit oder ohne Kinder
Alleinerziehende/r	Vater, Mutter, gemeinsame Kinder und/oder Kinder aus anderer Beziehung/Ehe
…	…
Wohngemeinschaft	Vater oder Mutter mit eigenem Kind/eigenen Kindern
…	…

b Welche Lebensform ist in Ihrem Heimatland üblich? Welche ist eher untypisch? Erzählen Sie.

In meinem Heimatland ist _____ üblich, bei der/dem
_____ in einem Haushalt leben. Völlig untypisch / Nicht
erlaubt ist/sind _____, bei der/dem/denen
_____. Ich persönlich wohne _____.

55 ▶ **c** Hören Sie die folgenden Texte. Welche Person lebt in welcher Lebensform? Ordnen Sie zu.

Person __	Person __	Person __	Person __	Person __
Single	Alleinerziehender	Wohngemeinschaft	Patchworkfamilie	„traditionelle" Familie

3 Liebe und Freundschaft

a Ergänzen Sie die Assoziogramme zum jeweiligem Wortstamm.

Jugendliebe	**Liebe- / -lieb-**	**Freund- / -freund-**	*Jugendfreund*
lieb			*freundlich*

b Was ist für Sie bei Freundschaft und Liebe am wichtigsten? Was finden Sie unverzeihlich? Begründen Sie Ihre Antworten.

> alles geben | Aufmerksamkeit | Egoismus | Ehrlichkeit |
> eine Familie gründen | Respekt | Rücksicht | Rücksichtslosigkeit |
> Streit | Toleranz | Treue | über alles sprechen | Unehrlichkeit | Untreue | Verlässlichkeit |
> Verständnis | Vertrauen | viel gemeinsam unternehmen

Für mich sind bei einer Freundschaft _____,
_____ *und* _____
am wichtigsten, weil _____.
Bei der Liebe finde ich ... _____.
Etwas, was ich nie verzeihen würde, wäre ... _____.

c Immer noch Freunde oder schon verliebt? Ergänzen Sie in den folgenden Ratschlägen die adversiven Angaben aus dem Kasten. Einige passen mehrmals.

| aber | dagegen | jedoch | im Gegensatz dazu | sondern | während |

Befreundet oder verliebt?

Diese Beispiele helfen dir herauszufinden, wie es um dich und um deine Gefühle steht.

1 Wenn ihr nur Freunde seid, dann stört es dich nicht, wenn dein Freund / deine Freundin mit jemandem ausgeht. Bist du ___*dagegen*___ eifersüchtig, dann ist es offenbar mehr als Freundschaft.

2 Ihr seht euch ein paar Tage nicht? Kein Problem? Dann seid ihr „nur" Freunde. Kannst du es _____ nicht erwarten, den anderen wiederzusehen, ja dann ist es wohl Liebe.

3 Freunde akzeptieren einander, so wie sie sind – außer natürlich bei extremem Verhalten. _____ versuchen Liebende oft, den anderen zu verändern oder sie wollen, dass der andere schlechte Gewohnheiten aufgibt.

4 Trefft ihr euch in eurer Freizeit, tragt ihr auch mal alte Jogginghosen. Das ist euch nicht peinlich, _____ ihr fühlt euch pudelwohl. Freunde achten nicht besonders auf die Kleidung des anderen, _____ Verliebte sehr auf ihr Äußeres achten.

5 Wenn die anderen behaupten, dass ihr wie ein Pärchen ausseht und ihr rot werdet oder euch sogar verteidigt, dann kann dieses Verhalten romantische Hintergründe haben.
Ist es euch _____ egal, was die anderen sagen, dann seid ihr wohl bloß Freunde.

56 ▶ **d** Hören Sie nun zur Kontrolle den Text aus einer Radiosendung.

e Ergänzen Sie die Präpositionen aus dem Kasten im folgenden Liebesbrief.

an | an | auf | auf | auf | in | über |
über | über | von | von | zu

Liebe Jamila,

leider hast du _____ meine beiden ersten Briefe nicht geantwortet. Deshalb schreibe ich dir nun noch einmal.

Als du zum ersten Mal in unser Büro kamst, hatte ich mich sofort _____ dich verliebt. Ich muss ständig _____ dich denken! Ich träume _____ deinen großen braunen Augen, _____ deiner wunderbaren Stimme. Erinnerst du dich noch _____ unsere letzte Weihnachtsfeier? Da haben wir gemeinsam getanzt und seitdem hoffe ich _____ ein Zeichen von dir, dass du genauso fühlst wie ich.

Bitte, lach nicht _____ mich, sondern denk einmal _____ meine Worte nach!

Ich möchte dich gerne _____ einem Glas Wein einladen. Vielleicht beim Italiener?

Dann können wir _____ alles reden.

Ich warte voller Ungeduld _____ eine Antwort von dir.

Dein Oliver

f Charakterisieren Sie Oliver.

Ich glaube, er ist …

g Ergänzen Sie die Präpostionen/Adverbien aus dem Kasten im folgenden Antwortbrief.

an | darauf | dafür | von | mit | von | zu | mit

Lieber Oliver,

da du ja nicht aufgibst, schreibe ich dir nun diesen Brief. Aber ich warne dich: Du wirst _____ dem, was ich schreibe, nicht begeistert sein.

Erstens bist du ja bekannt _____, dass du ständig irgendwelchen Frauen Liebesbriefe schreibst. Letzte Woche erst hat Nina einen Brief von dir bekommen, obwohl sie schon seit drei Jahren _____ Ben verheiratet ist. Der war keinesfalls begeistert _____ deinem Brief. Sei froh, dass Nina trotzdem noch so freundlich _____ dir ist. Also im Klartext: Keine von deinen Kolleginnen ist interessiert _____ einer Liebesbeziehung mit dir, obwohl wir sehr stolz _____ sind, dich als Kollegen zu haben. Wir wollen einfach nur _____ dir befreundet sein.

Ich hoffe, du verstehst das.

Liebe Grüße

Jamila

57 ▶ **h** Hören Sie nun zur Kontrolle den Text.

i Charakterisieren Sie Jamila.

Ich glaube, Jamila ist …

B Hörtraining

1 **Hören, Teil 2**

a Notieren Sie Ihre Strategiepunkte in die unten stehende Tabelle.

1	Ich habe 60 Sekunden Zeit. Ich lese den Einleitungssatz und stelle mir die Situation vor.
2	
3	
4	
5	
6	

b Lesen Sie sich die Tipps zum **selektiven Hören** noch einmal durch.

<u>vor dem Hören</u>

1   Wenn Sie die Items vor dem Hören aufmerksam lesen, sollten Sie bereits **Hypothesen** darüber aufstellen, worum es in dem Text gehen **könnte**. So entwickeln Sie eine Erwartungshaltung, die Ihnen hilft, die nötigen Informationen zu finden. Überlegen Sie sich auch die passenden **Synonyme/Paraphrasen** zu den **Schlüsselwörtern** und erwägen Sie, welche Lösung Ihnen plausibel, d.h. logisch, erscheint. Es ist hier nicht wichtig, ob die tatsächliche Lösung Ihren Vermutungen entspricht.

2   Lesen Sie **vor** dem Hören **jedes einzelnen Abschnitts** die dazugehörigen Aussagen. Stellen Sie Vermutungen an, welche Aussage wohl richtig ist. Markieren Sie diese mit einem Punkt.

<u>während des Hörens</u>

Konzentrieren Sie sich nun darauf, was Sie tatsächlich hören. Beantworten Sie die Fragen nicht nach Ihrem Wissen!

<u>nach dem Hören</u>

Kreuzen Sie immer eine Lösung an, auch wenn Sie sich nicht sicher sind. Wenn Sie nichts ankreuzen, verlieren Sie den Punkt automatisch.

c Bearbeiten Sie nun den Modelltest 3, Hören, Teil 2, Seite 64. Beachten Sie die Strategiepunkte und die Tipps aus den Aufgaben 1a und 1b.

2 Hören, Teil 3

a Notieren Sie Ihre Strategiepunkte in die unten stehende Tabelle.

1	*Ich habe 60 Sekunden Zeit. Ich lese die Aufgaben zum Text ganz genau.*
2	
3	
4	
5	

b Lesen Sie sich die Tipps zum **detaillierten Hören** noch einmal durch.

<u>vor dem Hören</u>

Lesen Sie **vor** dem Hören die Items. Stellen Sie **Vermutungen** an, welche Aussage wohl richtig ist. Markieren Sie diese mit einem Punkt.

<u>während des Hörens</u>

1   Versuchen Sie, **jedes** Wort zu verstehen. Beim detaillierten Hören achtet man auf **Hauptaussagen** einzelner Textpassagen, **Hauptpunkte**, den **Handlungsverlauf**, **Ursachen**, **Folgen**, **Personen** und **Objekte**. Es kann aber auch um **Handlungsziele** der Personen gehen, um ihre **Emotionen**, **Meinungen**, **Einstellungen** und **Stimmungen**.

2   Achten Sie auf Wörter wie **vorher**, **bevor**, **gleichzeitig**, **während**, **danach**. So können Sie dem Handlungsverlauf besser folgen und auch Ursachen und Folgen erkennen.

3   Konzentrieren Sie sich nun darauf, was Sie **tatsächlich** hören. Beantworten Sie die Fragen nicht nach Ihrem Wissen!

<u>nach dem Hören</u>

Kreuzen Sie immer eine Lösung an, auch wenn Sie sich nicht sicher sind. Wenn Sie nichts ankreuzen, verlieren Sie den Punkt automatisch.

c Bearbeiten Sie nun den Modelltest 3, Hören, Teil 3, Seite 64. Beachten Sie die Strategiepunkte und die Tipps aus den Aufgaben 2a und 2b.

**Sie hören nun einen Text. Sie hören den Text einmal.
Dazu lösen Sie fünf Aufgaben.
Wählen Sie bei jeder Aufgabe die richtige Lösung a, b oder c.
Lesen Sie zuerst die Aufgaben. Dazu haben Sie 60 Sekunden Zeit.**

Sie nehmen an einer Paartherapie auf Schloss Rabenstein teil.

11 Wie ist das Wetter?
   a Die Sonne scheint.
   b Es ist kalt.
   c Es regnet.

12 Die Teilnehmer werden …
   a von nur einer Trainerin betreut.
   b von mehreren Trainerinnen betreut.
   c von Trainern und Trainerinnen betreut.

13 Die Teilnehmer …
   a möchten sich scheiden lassen.
   b möchten einen Neuanfang versuchen.
   c suchen nach Liebe in ihrer Beziehung.

14 Während der Seminare …
   a darf man im Ausnahmefall E-Mails und SMS schreiben.
   b dürfen die Teilnehmer keine Handys dabei haben.
   c sollen die Handys ausgeschaltet bleiben.

15 Die Teilnehmer …
   a können am Sonntag ab 9.00 Uhr frühstücken.
   b müssen alle Fragen auf dem Antwortbogen beantworten.
   c sollten während der Seminare etwas Bequemes anziehen.

**Sie hören nun ein Gespräch. Sie hören das Gespräch einmal.
Dazu lösen Sie sieben Aufgaben.
Wählen Sie: Sind die Aufgaben *Richtig* oder *Falsch*?
Lesen Sie jetzt die Aufgaben 16 bis 22. Dazu haben Sie 60 Sekunden Zeit.**

Sie sitzen im Café und hören, wie sich ein Mann und eine Frau unterhalten.

16 Das Paar hat Probleme, weil es nicht in der gleichen Stadt wohnt. Richtig Falsch

17 Bernadette kann George nicht jedes Wochenende besuchen. Richtig Falsch

18 George meint, dass das Leben in Berlin billiger ist als in Paris. Richtig Falsch

19 George versucht oft, Billigflüge nach Paris zu finden. Richtig Falsch

20 Jedes Wochenende kommt eine Pflegerin zu Georges Vater. Richtig Falsch

21 Die Frau ist Architektin von Beruf. Richtig Falsch

22 Beide hoffen, eine Lösung zu finden. Richtig Falsch

… sind vom Aussterben bedroht • **der Tierpark** • **… finde ich süß** • in den Zoo • die Landschaft • **gefährlich** • giftig • das Haustier • stinken • **die Fütterung** • *der Umweltschutz* • die Abgase • Müll trennen • **alternative Energiequellen** • schädlich • entsorgen • **die Industrie** • *der Mistkübel* • die Verschmutzung • **Treibhausgase** • … sehen so niedlich aus • die armen Tiere

1 **Hören Sie die folgenden Texte.**

60 ▶ **a** Um welches Thema geht es?

Text ___	Text ___	Text ___	Text ___	Text ___
Lärmbelästigung	Zoobesuch	Umweltschutz	Haustierkauf	Umweltkatastrophe

60 ▶ **b** Hören Sie die Texte noch einmal.
Welche Schlüsselwörter haben Ihnen bei der Lösungsfindung geholfen?

Lärmbelästigung:	_____
Zoobesuch:	_____
Umweltaktivität:	_____
Haustierkauf:	_____
Umweltkatastrophe:	_____

6

A Wortschatz

1 Tiere

61 ▶

a Hören Sie den Text. Notieren Sie die Zahlen. Beim zweiten Hören notieren Sie weitere Informationen zu den Tieren.

der Blauwal		
der längste Wal	_33, 52_____ m	_lebt in allen Meeren der Erde_
der Schnurwurm		
der längste Wurm	_____ m	_____
die Königskobra		
die längste Giftschlange	_____ m	_____
der Engmaulfrosch		
der kleinste Frosch	_____ mm	_____
das Falabella-Pferd		
das kleinste Pferd	_____ cm	_____
der Hummelkolibri		
der kleinste Vogel	_____ mm	_____
der Wanderfalke		
der schnellste Vogel	_____ km/h	_____
der Gepard		
das schnellste Landtier	_____ km/h	_____
die Bulldogfledermaus		
die schnellste Fledermaus	_____ km/h	_____
die Seewespe		
die giftigste Qualle	Ihr Gift kann _____ Menschen töten.	_____
der Inland-Taipan		
die giftigste Schlange	Ihr Gift kann _____ Menschen töten.	_____
der Kugelfisch		
der giftigste Fisch	Sein Gift kann _____ Menschen töten.	_____

b Vergleichen Sie die Tiere miteinander.
Die Königskobra ist die längste Giftschlange der Welt. Aber der Blauwal ist länger als die Kobra und der Schnurwurm ist am längsten von allen Tieren.
...

c Ergänzen Sie das Assoziogramm mit Hilfe der Definitionen.

1	Nutztiere		2	

Tiere

3			4	

1 Tiere, die vom Menschen wirtschaftlich genutzt werden: _____ Nutztiere _____

2 Tiere, die in der Freiheit/Wildnis leben: _____

3 Tiere, die wegen ihres Nutzens oder zum Vergnügen gezüchtet werden: _____

4 Tiere, die z.B. in Tierparks leben: _____

d Finden Sie zu jeder Kategorie aus 1c mindestens drei Tierarten.
Nutztiere: das Schwein, ...

...

62 ▶ **e** Zoos – pro und kontra. Hören Sie die folgenden Meinungen von sieben Personen. Entscheiden Sie: Wer ist für Zoos, wer dagegen?

für Zoos	gegen Zoos
Person 1, ...	

62 ▶ **f** Hören Sie die Texte aus 1e noch einmal. Was hat Ihnen bei der Lösungsfindung geholfen? Notieren Sie.

Person 1	toll am Wochenende mit Familie in Zoo gehen, Kinder sehen echte Tiger und Löwen, schöne Freizeitbeschäftigung, Kinder lernen etwas
Person 2	
Person 3	
Person 4	
Person 5	
Person 6	
Person 7	

2 Pflanzen

a Ordnen Sie die Wörter aus dem Kasten den Kategorien zu. Einige Wörter passen mehrmals.

> der Baum | die Blume | der Busch | die Ernte | das Gemüse | das Getreide |
> das Obst | der Strauch

auf dem Feld	im Garten	im Park	im Wald	auf der Wiese
	der Baum			

b Ergänzen Sie den Text mit den Wörtern aus dem Kasten in der richtigen Form.

> Baum | Blatt | Boden | ernten | Medizin | Mistel |
> Mistelzweig | Parasit | Pflanze | wachsen | Wurzel

Die Mistel – Glücksbringer und Parasit

Besonders im Winter, wenn die Bäume keine (1) _____ Blätter _____ mehr haben, fällt uns auf eben diesen nackten Bäumen ein kugelförmiger Strauch auf, der von vielen Menschen irrtümlich für ein Nest gehalten wird: die Mistel. Lange Zeit wusste man nicht, wie diese Pflanze überhaupt (2) _____. Dieses immergrüne Gewächs, das einen Durchmesser von bis zu einem Meter erreichen kann und scheinbar ohne (3) _____ hoch oben auf den (4) _____ wächst, war den Menschen jahrtausendelang ein Rätsel. So glaubte man lange Zeit, sie sei eine von den Göttern gesandte (5) _____.

Sie galt als magisch und wurde von Druiden mit einer goldenen Sichel[1] (6) _____. Dabei durfte sie nicht auf den (7) _____ fallen, denn dann würde sie ihre magische Wirkung verlieren. In alter Zeit galt sie als Allheilpflanze.

Ein Glücksbringer ist sie auch heute noch: Zur Wintersonnenwende wird die (8) _____ an der Haustür aufgehängt, um das Haus vor Schaden zu bewahren. Liebespaare, die sich unter einem (9) _____ küssen, sollen besonders glücklich werden.

In der modernen (10) _____ wird die Mistel, obwohl ihre Beeren eigentlich giftig sind, gern auch gegen Bluthochdruck und Krebs eingesetzt.

Aus Sicht der Biologen ist sie jedoch ein (11) _____, da sie dem Baum, auf welchem sie lebt, Wasser und Nährstoffe wegnimmt.

[1] die Sichel: ein kleines Werkzeug zum Schneiden von Getreide oder Gras

c Bilden Sie Adjektive mit -ig oder -lich.

das Gift:	_giftig_		die Pflanze:	_____
die Landwirtschaft:	_____		das Rot:	_____
die Natur:	_____		der Schaden:	_____
der Nutzen:	_____		der Staub:	_____
die Kunst:	_____		der Umweltfreund:	_____

3 Umwelt

a   Ordnen Sie die Ausdrücke aus dem Kasten den Kategorien zu.

die Abgase | die Abholzung | Bäume pflanzen | der Unfall im Atomkraftwerk |
der Katalysator | der Filter | die Luftverschmutzung |
das Wachsen des Ozonlochs | Nutzung von Wind-, Sonnen- und Wasserenergie |
Meeresverschmutzung | Programme für Recycling | der Umweltschutz |
Nutzung alternativer Energiequellen | Gesetze gegen Umweltverschmutzung |
Verbot von Umweltgiften | die Mülltrennung |
Nutzung natürlicher Haushaltsmittel | Verwendung schädlicher Chemikalien |
Verwendung von Energiesparlampen | häufiger Fahrrad fahren |
Nutzung öffentlicher Verkehrsmittel | der Tierschutz

umweltfeindlich	umweltfreundlich

b Finden Sie die Verben zu den Nomen mit gleichem Wortstamm.

1	die Abholzung:	*abholzen*
2	der Brand:	_____
3	die Nutzung:	_____
4	der Schutz:	_____
5	die Trennung:	_____
6	das Verbot:	_____
7	die Verschmutzung:	_____
8	die Verwendung:	_____
9	das Wachsen	_____
10	die Fahrt:	_____

> **Tipp:**
> Verben mit der Vorsilbe **be-** oder **ver-** brauchen häufig ein **Akkusativ-Objekt**. Die Vorsilbe **be-** verstärkt meist die Bedeutung des Grundverbes.

c Was können Staat, Bürger und Industrie für die Umwelt tun?
Ordnen Sie passende Ausdrücke aus 3a und b den Kategorien zu.

der Staat	der Bürger	die Industrie
		Wind-, Sonnen- und Wasserenergie nutzen

d Wie können Sie persönlich zum Umweltschutz beitragen?

Auch ich kann einen Beitrag zum Umweltschutz leisten, indem ich den Müll trenne.
Außerdem kann ich ...

e   Hören Sie den folgenden Text. In welcher Reihenfolge hören Sie die Sprecher?

1	~~Moderator~~	Frau Werter	Herr Fuge
2	Moderator	Frau Werter	Herr Fuge
3	Moderator	Frau Werter	Herr Fuge
4	Moderator	Frau Werter	Herr Fuge
5	Moderator	Frau Werter	Herr Fuge
6	Moderator	Frau Werter	Herr Fuge
7	Moderator	Frau Werter	Herr Fuge
8	Moderator	Frau Werter	Herr Fuge
9	Moderator	Frau Werter	Herr Fuge
10	Moderator	Frau Werter	Herr Fuge
11	Moderator	Frau Werter	Herr Fuge
12	Moderator	Frau Werter	Herr Fuge

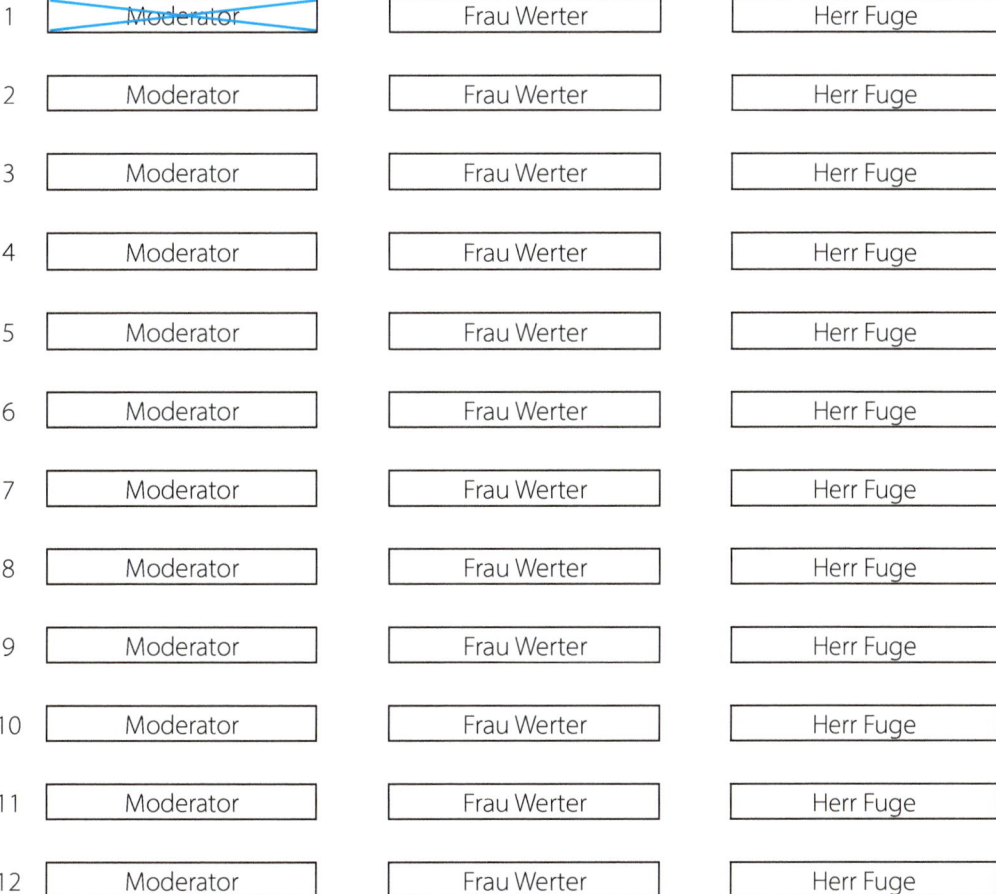

63 ▶ **f** Hören Sie den Text nun zweimal.
Dazu lösen Sie acht Aufgaben. Ordnen Sie die Aussagen zu: Wer sagt was?
Lesen Sie jetzt die Aussagen. Dazu haben Sie 60 Sekunden Zeit.

Der Moderator der Sendung „Alternative Energien – pro und kontra"
diskutiert mit Frau Werter und Herrn Fuge über das Thema „Windräder".

		Moderator	Frau Werter	Herr Fuge
	Beispiel:			
0	Viele stört die Lärmbelästigung durch Windräder.	☒ a	b	c
1	Die Agrarwirtschaft kann unter Windrädern leiden.	a	b	c
2	Erholungssuchende finden Gebiete mit Windrädern weniger attraktiv.	a	b	c
3	Zukünftig werden mehr Arbeitskräfte gebraucht.	a	b	c
4	Windparks schaden den Tieren.	a	b	c
5	Auch Sonnenkollektoren schaden der Landschaft.	a	b	c

63 ▶ **g** Hören Sie den Text ein viertes Mal. Notieren Sie die Pro- und Kontraargumente in Bezug
auf Windräder.

pro Windräder	kontra Windräder
	Lärmbelästigung, …

h Präsentieren Sie nun Ihren Standpunkt zum Thema Windräder.

*Es ist sicherlich richtig, dass die Windräder … Andererseits muss man jedoch
berücksichtigen, dass … Aus diesem Grund bin ich für / gegen …*

1 Hören, Teil 1

a Notieren Sie Ihre Strategiepunkte in die unten stehende Tabelle.

1	*Ich habe 10 Sekunden Zeit. Ich lese die beiden Aufgaben zum Text ganz genau.*
2	
3	
4	
5	
6	

b Lesen Sie sich die Tipps zum **globalen Hören** noch einmal durch.

während des Hörens
1   Man achtet nicht auf jedes einzelne Wort. Man konzentriert sich auf das Thema und die Situation (Wer spricht? Wo und warum wird gesprochen?)
2   Wenn Sie kurze Ansagen hören, ist es sehr wichtig, schnell die Situation zu erfassen.
3   Konzentrieren Sie sich darauf, was Sie tatsächlich hören. Beantworten Sie die Fragen nicht nach Ihrem Wissen!
4   Wenn Sie beim ersten Hören bereits beide Fragen beantwortet haben, nutzen Sie das zweite Hören, um Ihre Antworten zu überprüfen.

nach dem Hören
Kreuzen Sie immer eine Lösung an, auch wenn Sie sich nicht sicher sind.
Es gibt keinen Punktabzug für falsche Lösungen. Wenn Sie nichts ankreuzen, verlieren Sie den Punkt automatisch.

c Lesen Sie sich die Tipps zum **selektiven Hören** auf Seite 62 noch einmal durch.

d Bearbeiten Sie nun den Modelltest 3, Hören, Teil 1, Seite 75. Beachten Sie die Strategiepunkte und die Tipps aus den Aufgaben 2a, 2b und 2c.

2 **Hören, Teil 4**

a Notieren Sie Ihre Strategiepunkte in die unten stehende Tabelle.

1	*Ich habe 60 Sekunden Zeit. Ich lese aufmerksam den Einleitungssatz und die Aufgaben.*
2	
3	
4	
5	

b Lesen Sie sich die folgenden Tipps und die Tipps zum **globalen Hören** auf Seite 73 noch einmal durch.

<u>vor dem Hören</u>
1　Wenn Sie in Hören Teil 4 das Thema erkennen, ist es einfacher, die einzelnen Meinungen den Personen zuzuordnen. Das gibt Ihnen mehr Sicherheit.
2　Lesen Sie sorgfältig die Beschreibung der Situation. Machen Sie sich vor dem Gespräch kurz Gedanken, welche Argumente die Gesprächspartner anführen könnten.

<u>während des Hörens</u>
Wenn Sie die Redemittel (zustimmen/widersprechen) beherrschen, ist es einfacher, die Meinungen der Diskussionspartner zu verstehen.

c Bearbeiten Sie nun den Modelltest 3, Hören, Teil 4, Seite 76. Beachten Sie die Strategiepunkte und die Tipps aus den Aufgaben 2a und 2b.

Sie hören nun fünf kurze Texte.
Sie hören jeden Text zweimal.
Zu jedem Text lösen Sie zwei Aufgaben.
Wählen Sie bei jeder Aufgabe die richtige Lösung.
Lesen Sie zuerst das Beispiel. Dazu haben Sie 10 Sekunden Zeit.

Beispiel:

01 Gesucht wird ein Hund.

Richtig	~~Falsch~~

02 Max …

a hat bisher in einem Garten gelebt.

☒ mag keine Katzen.

c mag weder weibliche noch männliche Hunde.

Text 1

1 Es geht um eine kriminelle Tat.

Richtig	Falsch

2 Die Einwohner sollen …

a alle Fenster und Türen schließen.

b die Diebstähle bei der Polizei melden.

c keine Sachen im Garten liegen lassen.

Text 2

3 Die Firma bietet ökologische Lösungen an.

Richtig	Falsch

4 Das Produkt …

a gibt es auch in Asien.

b verbraucht viel Wasser.

c wird im Buchhaus beworben.

Text 3

5 Zum ersten Mal hat in Schwanförde ein Windrad gebrannt.

Richtig	Falsch

6 Die Feuerwehrleute …

a fordern neue Brandschutzregeln.

b konnten den Brand nicht löschen.

c löschen im Moment ein Feld.

Text 4

7 Wissenschaftler haben eine neue Fischart entdeckt.

Richtig	Falsch

8 Der Fisch …

a ist 52 cm groß.

b ist rot.

c lebt in Seen.

Text 5

9 Lärm kann dem gesamten Körper schaden.

Richtig	Falsch

10 Ständiger Lärm während der Nacht …

a ist besonders gefährlich.

b hat kaum Einfluss auf die Gesundheit.

c ist nicht so schädlich wie der Lärm am Tag.

**Sie hören nun eine Diskussion. Sie hören die Diskussion zweimal.
Dazu lösen Sie acht Aufgaben. Ordnen Sie die Aussagen zu: Wer sagt was?
Lesen Sie jetzt die Aussagen. Dazu haben Sie 60 Sekunden Zeit.**

Der Moderator der Sendung „Tiere in unserer Stadt" diskutiert mit
Frau Koch und Herrn Bierstedt über das Thema „Wildschweine in Berlin".

		Moderator	Frau Koch	Herr Bierstedt
Beispiel:				
0	Man sollte die Wildschweine füttern.	a	☒	c
23	Wildschweine können die Landschaft zerstören.	a	b	c
24	Auch die Landwirtschaft hat Schuld an dem Wildschwein-Problem.	a	b	c
25	Im Stadtzentrum von Berlin mussten bereits Tiere getötet werden.	a	b	c
26	Wildschweine können gefährlich werden.	a	b	c
27	Bei einer Begegnung mit einem Wildschwein darf man die Tiere nicht provozieren.	a	b	c
28	Autofahrer sollten bremsen, wenn ein Tier auf die Straße läuft.	a	b	c
29	Wildtiere findet man zu bestimmten Zeiten besonders häufig auf der Straße.	a	b	c
30	Bei Wildunfällen hilft die Polizei.	a	b	c

REISEN

· der Reisepass · die Grenze · der Flughafen · **die Erholung** · die Ferien · *die Weltreise* · **der Reisekatalog** · jedes Jahr · anstrengend · die Jugendherberge · abreisen · anreisen · **verreisen** · verzollen · der Geldwechsel · *Halbpension* · pro Person · **die Übernachtung** · der Aufenthalt · Herzlich willkommen! · Bis bald!

---

1 **Auf dem Flughafen**

Hören Sie den Text. Ergänzen Sie die Tabelle.

Flugnr.	von	verfrüht	verspätet	annulliert	Ankunftszeit	Status
FR 171	Athen	x			12.30	gelandet

Wortschatz und Hörtraining

1 **Kontinente, Länder, Einwohner, Sprachen, Währungen**
Lesen Sie die folgenden Beschreibungen.
Tragen Sie die jeweilige Antwort in das Kreuzworträtsel ein.

[Kreuzworträtsel-Gitter mit eingetragenen Buchstaben]

waagerecht:

1	Kontinent westlich von Asien
2	Einwohner der Slowakei
3	So kocht man in Tunesien
4	Frau mit deutscher Staatsangehörigkeit
5	Sprache in Nordeuropa
6	Amtssprache in Frankreich und in der Schweiz
7	Kontinent auf der Südhalbkugel
8	Frau mit Schweizer Nationalität
9	Einwohner von Norwegen
10	Landesteil Großbritanniens

senkrecht:

11	Einwohnerin von Ungarn
12	Währung u.a. in Tschechien, Norwegen und Schweden
13	Synonym für Welt
14	Diese Sprache sprechen die Russen
15	Einwohner Berlins
16	Skandinavier
17	Einwohner Chinas
18	Währung in Großbritannien
19	Mann mit finnischer Staatsangehörigkeit
20	Einwohner des Landes westlich von Russland

2 Sprachvarietäten aus Wien und Zürich

a Lesen Sie den folgenden Text.

> Ich war voriges Jahr mit meiner Familie, also mit meiner Frau und meinen vier Kindern in den USA. Die Reise haben wir über ein Reisebüro gebucht. Da war alles super organisiert, mit Reiseleiter und so. Zuerst waren wir im Westen. Außer dem Grand Canyon haben wir auch noch andere Nationalparks angeschaut. Das war für die Kinder unheimlich spannend. Auch San Francisco und Santa Barbara an der Pazifikküste waren traumhaft. Gewohnt haben wir in günstigeren Hotels. Elf Tage waren wir insgesamt unterwegs! Ah ja: Wir waren auch noch zwei Tage auf Hawaii. Dort am Flughafen haben uns sogar hawaiianische Blumenmädchen begrüßt.

67 ▶

b Sie hören nun den Text auf Hochdeutsch und dann in zwei weiteren verschiedenen Sprachvarietäten. Was fällt Ihnen in Bezug zum Hochdeutschen auf? Kreuzen Sie an.

	Variante **1** **Wienerisch**			Variante **2** **Zürichdeutsch**	
☐ weicher	☐ härter	☐ melodischer	☐ weicher	☐ härter	☐ melodischer

c Wie werden die Konsonanten „r" und „s" ausgesprochen?

_____

68 ▶

d Welche Kleidungsstücke hören Sie? Notieren Sie.
Socken, ...

e Tragen Sie die Kleidungsstücke aus 2d in die Tabelle ein. Ergänzen Sie die Tabelle mit weiteren Kleidungsstücken.

der	die	das	die (Plural)
	Socke		*Socken*

3 Das Wetter

a Erstellen Sie Ihre eigene Wetterkarte! Tragen Sie nach Belieben Wetter-Symbole und Temperaturen in die Karte ein.

Wolken
Es ist bewölkt.

Sonne
Es ist sonnig.
Die Sonne scheint.

Regen
Es ist regnerisch.
Es regnet.

Gewitter
Es blitzt und donnert.

Wind
Es ist windig.
Es windet.

Nebel
Es ist neblig.

Schnee
Es schneit.

Glatteis
Es ist glatt.

b Ergänzen Sie dann den unten stehenden Text entsprechend Ihrer Wetterkarte. Benutzen Sie dabei die Ausdrücke neben den Wettersymbolen.

Der Reisewetterbericht für Österreich

Und nun hören Sie den Wetterbericht für morgen, Freitag, den _____. Im Norden von Niederösterreich *schneit es* bei *minus 3* Grad. Im westlichen Niederösterreich _____ bei _____ Grad. In Wien _____ und die Temperaturen betragen _____ Grad. In der östlichen Steiermark und im Burgenland liegen die Temperaturen bei _____. _____ haben wir in Tirol an der Grenze zu Italien. Hier betragen die Temperaturen _____. In Salzburg wird es etwas kälter/wärmer, nämlich bis zu _____ Grad bei _____. In Tirol an der Grenze zu Deutschland _____ und hier belaufen sich die Temperaturen auf _____ Grad. In Vorarlberg hingegen wird es _____ bei _____ Grad.

c   Lesen Sie Ihrer Lernpartnerin / Ihrem Lernpartner Ihren Wetterbericht für Österreich vor. Sie/er trägt dann die Symbole – entsprechend den gehörten Informationen – in die zweite Wetterkarte ein.

d   Kontrollieren Sie, ob sie/er alles richtig verstanden hat und korrigieren Sie, wenn nötig. Tauschen Sie dann die Rollen.

e   Schreiben Sie zu den folgenden Items einen eigenen Wetterbericht. Die Lösung zu diesen Items bestimmen Sie. Denken Sie daran, dass die Antworten eindeutig sein müssen.

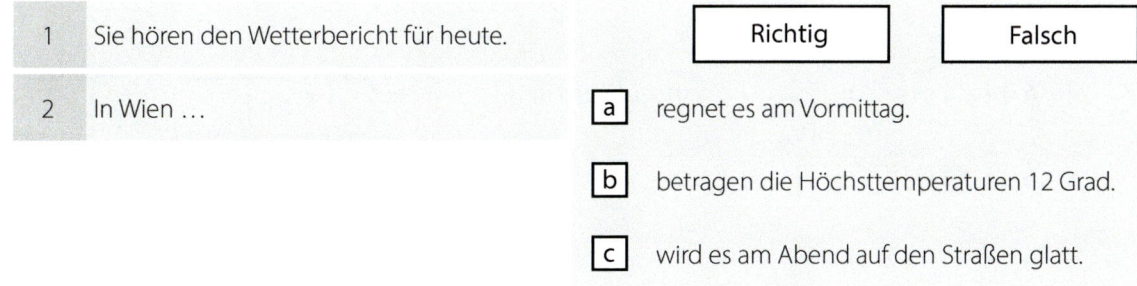

1	Sie hören den Wetterbericht für heute.	Richtig	Falsch
2	In Wien …		

    a   regnet es am Vormittag.

    b   betragen die Höchsttemperaturen 12 Grad.

    c   wird es am Abend auf den Straßen glatt.

Liebe Zuhörer und Zuhörerinnen, und nun folgt die Wettervorhersage für …

f   Lesen Sie Ihrer Lernpartnerin / Ihrem Lernpartner Ihren Wetterbericht vor. Sie/er kreuzt beim Hören die richtige Lösung in Aufgabe 3e an. Kontrollieren Sie, ob sie/er alles richtig verstanden hat und korrigieren Sie, wenn nötig. Tauschen Sie dann die Rollen.

Sie hören nun fünf kurze Texte.
Sie hören jeden Text zweimal.
Zu jedem Text lösen Sie zwei Aufgaben.
Wählen Sie bei jeder Aufgabe die richtige Lösung.
Lesen Sie zuerst das Beispiel. Dazu haben Sie 10 Sekunden Zeit.

Beispiel:

01 Martha möchte mit Valentin in Urlaub fahren.

Richtig	~~Falsch~~

02 Das Reiseangebot …

a hat Martha im Internet gefunden.

b gilt nur noch drei Tage.

c ist für Reisegruppen.

Text 1

1 Das Hotel ist geschlossen.

Richtig	Falsch

2 Wenn man ein Zimmer buchen möchte, …

a soll man die 1 wählen.

b soll man später anrufen.

c sollte man online reservieren.

Text 2

3 Es geht um Sonderangebote für Zugreisen.

Richtig	Falsch

4 Man kann …

a ab Montag für 19 Euro bis zu 200 km weit fahren.

b fünf Fahrkarten für je 29 Euro bekommen.

c für 29 Euro zu viert durch ganz Deutschland fahren.

Text 3

5 Heute gibt es die Stadtrundfahrt zu einem besonders günstigen Preis.

Richtig	Falsch

6 Auf dem Programm …

a steht ein einstündiger Besuch der Staatsoper.

b steht entweder ein Besuch der Altstadt oder eine Schifffahrt.

c stehen sowohl ein Besuch der Altstadt als auch eine Schifffahrt.

Text 4

7 Die Organisation nutzt für ihre Arbeit Wetterberichte.

Richtig	Falsch

8 Die Bilder der Satelliten …

a kosten die EU 500 Millionen Euro.

b kann man am „Tag der offenen Tür" sehen.

c zeigen u.a. ökologische Probleme.

Text 5

9 Goethe schätzte das Ausland mehr als seine Heimat.

Richtig	Falsch

10 Die Deutschen …

a haben ihr Reiseverhalten in den letzten Jahren kaum geändert.

b machen mehr und mehr in Deutschland Urlaub.

c machen lieber in Deutschland Urlaub, weil das billiger ist.

Sie hören nun einen Text. Sie hören den Text einmal.
Dazu lösen Sie fünf Aufgaben.
Wählen Sie bei jeder Aufgabe die richtige Lösung a, b oder c.
Lesen Sie zuerst die Aufgaben. Dazu haben Sie 60 Sekunden Zeit.

Sie befinden sich auf dem Züricher Flughafen und hören die einleitenden Worte einer Führung.

11 Der Züricher Flughafen …

a	ist der größte Schweizer Flughafen.
b	liegt 30 Kilometer von Zürich entfernt.
c	wurde zum besten Flughafen der Welt gewählt.

12 Die Nachtflugsperre …

a	gibt es auch in Frankfurt.
b	schadet dem Image des Flughafens.
c	erlaubt Landungen bis Mitternacht.

13 Charterflüge …

a	befördern pro Tag 73.000 Passagiere.
b	führen vor allem nach Skopje.
c	finden meist mit Airbussen statt.

14 Auf dem Flughafen kaufen …

a	mehr Frauen als Männer ein.
b	vor allem Männer ein.
c	so viele Männer wie Frauen ein.

15 „The Circle" …

a	wurde 2016 fertiggebaut.
b	ist in der Nähe von Hotels.
c	ist vom Flughafen zu Fuß erreichbar.

Sie hören nun ein Gespräch. Sie hören das Gespräch einmal.
Dazu lösen Sie sieben Aufgaben.
Wählen Sie: Sind die Aufgaben _Richtig_ oder _Falsch_?
Lesen Sie jetzt die Aufgaben 16 bis 22. Dazu haben Sie 60 Sekunden Zeit.

Sie befinden sich an der Rezeption eines Jugendhotels und hören, wie sich ein Gast und die Rezeptionistin unterhalten.

16	Jonathans Flug war nicht pünktlich.	Richtig	Falsch
17	Das Handy von Jonathans Freundin hatte Probleme.	Richtig	Falsch
18	Die beiden Gäste brauchen ihre Koffer nicht in die Stadt mitzunehmen.	Richtig	Falsch
19	Jonathan möchte das Stadtmuseum besuchen.	Richtig	Falsch
20	Museumsbesucher bekommen Fahrkarten kostenlos.	Richtig	Falsch
21	Jonathan möchte sich vor dem Museumsbesuch ausruhen.	Richtig	Falsch
22	Die Rezeptionistin akzeptiert nur Reisepässe.	Richtig	Falsch

**Sie hören nun eine Diskussion. Sie hören die Diskussion zweimal.
Dazu lösen Sie acht Aufgaben. Ordnen Sie die Aussagen zu: Wer sagt was?
Lesen Sie jetzt die Aussagen. Dazu haben Sie 60 Sekunden Zeit.**

Der Moderator der Sendung „Reisen, Reisen" diskutiert mit Frau Teichmann und Herrn Weidenberger über das Thema „Reisen, aber womit?"

	Moderator	Frau Teichmann	Herr Weidenberg
Beispiel:			
0 Ein Drittel der Deutschen macht in Deutschland Urlaub.	☒	b	c
23 Nicht immer ist das Auto umweltfreundlich.	a	b	c
24 Vielen Urlaubern sind die Kosten wichtiger als die Umwelt.	a	b	c
25 In Deutschland gibt es günstige Zugtickets für Familien.	a	b	c
26 Kindern macht eine Zugreise besonders viel Spaß.	a	b	c
27 Viele Reisende benutzen lieber das Flugzeug.	a	b	c
28 Das Flugzeug ist bei Fernreisen konkurrenzlos.	a	b	c
29 Reisebusse sind nicht so bequem.	a	b	c
30 Auch das Fahrrad hat seine Nachteile.	a	b	c

als Koch arbeiten • der Beruf • Ich möchte Architektin werden • die Grundschule besuchen • die Weiterbildung • **die Arbeitslosigkeit** • die Teilzeit • die Elternzeit • **die Jobsuche** • die Bewerbung • der Minijob • **an der Universität studieren** • *aufs Gymnasium gehen* • die Berufsschule • das Buch • **das Studium abschließen** • ein Praktikum machen • *die Leistung* • flexibel

1 **Hören Sie die Aussagen.**

73 ▶ Welche Berufe üben die Personen aus? Notieren Sie.

Person **1**	Person **2**	Person **3**	Person **4**	Person **5**	Person **6**

Wortschatz und Hörtraining

1 Arbeitswelt

73 ▶

a Hören Sie die Aussagen von der Einstiegsseite, Seite 85, noch einmal. Welche Schlüsselwörter haben Ihnen bei der Findung des Berufes geholfen? Notieren Sie.

Person **1**	*arbeitet im Krankenhaus,* _____
Person **2**	_____
Person **3**	_____
Person **4**	_____
Person **5**	_____
Person **6**	_____

b Bilden Sie mit den Informationen der Einstiegsseite und aus Übung 1a Relativsätze.

1 *Eine Ärztin* ist eine Person, *die im Krankenhaus arbeitet, ...*

2 _____ ist eine Frau, _____.

3 _____ ist eine Frau, _____.

4 _____ ist ein Mann, _____.

5 _____ ist eine Person, _____.

6 _____ ist jemand, _____.

c Welche Eigenschaften sind in welchem Beruf besonders wichtig?

flexibel | freundlich | geduldig | gepflegt | hilfsbereit |
kreativ | lernbereit | pünktlich | rücksichtsvoll | ruhig | sympathisch |
selbstsicher | talentiert | teamfähig | tolerant | zuverlässig

1	die Ärztin	_____
2	der Pilot	_____
3	die Sekretärin	_____
4	der Künstler	_____
5	die Rezeptionistin	_____
6	der Hausmeister	_____
7	der Bankangestellte	_____
8	der Automechaniker	_____

d Begründen Sie Ihre Entscheidung aus 1c.

Eine Ärztin muss _____ sein, weil/denn/sonst _____

_____.

e Wer arbeitet wo? Ordnen Sie die Berufe aus 1c den Arbeitsstätten zu und bilden Sie Sätze.

> im Atelier | in der Bank | im Büro | im Flugzeug | im Hotel |
> in der Schule | in der Werkstatt oder in der Werkhalle

Eine Ärztin arbeitet in einem Krankenhaus oder in einer Praxis.
Ein Pilot hat seinen Arbeitsplatz …

f Was ist Ihrer Meinung nach positiv, was negativ? Kreuzen Sie an. Begründen Sie Ihre Entscheidung.

	positiv	negativ		positiv	negativ
die Bezahlung	☐	☐	die Pause	☐	☐
die Einstellung	☐	☐	die Rente	☐	☐
die Entlassung	☐	☐	der Streik	☐	☐
die Gewerkschaft	☐	☐	die Überstunden	☐	☐
die Kündigung	☐	☐	der Urlaub	☐	☐

Eine Bezahlung halte ich für etwas Positives, natürlich nur, wenn der Beschäftigte
genug Geld bekommt.
Eine Entlassung …, weil …

g Finden Sie zu den Nomen die entsprechenden Verben.

der Abschluss	*abschließen* _____
die Qualifikation	_____
der Streik	_____
die Kündigung	_____
die Entlassung	_____
der Auszubildende	_____

2 **Schule und Studium**

a Ergänzen Sie. Verwenden Sie dabei die Wörter im Kasten in der richtigen Form.

> die Berufsschule | die Gesamtschule | die Grundschule |
> das Gymnasium | die Hauptschule | die Hochschule | der Kindergarten |
> die Kindertagesstätte (Kita) | die Krippe | die Mittelschule | die Realschule |
> die Förderschule | die Volkshochschule | die Universität

1 Kinder, die jünger als drei Jahre sind, besuchen normalerweise __*eine/die Krippe*__.

2 Ab dem dritten Lebensjahr können sie _____ oder _____ besuchen.

3 Wenn sie sechs Jahre alt geworden sind, gehen sie in _____.

4 Nach der Grundschule entscheiden sich die Kinder – oder eigentlich deren Eltern – entweder für _____, _____, _____ oder _____.

5 Haben die Jugendlichen die Realschule oder die Mittelschule abgeschlossen, können sie eine Ausbildung beginnen und müssen dann _____ besuchen.

6 Kinder und Jugendliche, die in ihren Bildungs-, Entwicklungs- und Lernmöglichkeiten mehr oder weniger schwer behindert sind, besuchen _____.

7 Wenn ein Jugendlicher das Gymnasium besucht hat und nach der zwölften oder dreizehnten Klasse das Abitur gemacht hat, dann kann er an _____ oder _____ studieren.

8 _____ ist eine Schule, an der Erwachsene sich bilden bzw. weiterbilden können. Hier kann man zum Beispiel Sprachkurse besuchen oder aber auch Schulabschlüsse wie z.B. das Abitur nachholen.

74 ▶ b Hören Sie zur Kontrolle den Text.

c Welches Wort passt? Streichen Sie die falschen Wörter durch.

eine Prüfung:	bestehen – passen – passieren
bei der Prüfung:	durchfallen – fallen – fällen
den Professor:	kennen – können – wissen
für die Prüfung:	lesen – lernen – studieren
Bescheid:	kennen – können – wissen
ein Semester:	ablegen – absolvieren – bestehen
ein Diplom:	bekommen – nehmen – ablegen

> **Tipp:**
> **wissen**: Tatsachen, Fakten
> Er weiß viel über Astronomie.
> oft mit Nebensatz:
> Sie weiß, dass er in Zürich studiert.
>
> **kennen**: mit einer Sache oder Person
> vertraut sein
> Ich kenne den Astronomen sehr gut.
> nie mit Nebensatz!
> Sie ~~kennt~~ **weiß**, dass er in Zürich
> studiert.

d Bilden Sie Sätze mit den Ausdrücken aus 2c.

Er hatte Tag und Nacht gelernt, deshalb hat er die Prüfung bestanden.

75 ▶

Sie hören nun fünf kurze Texte.
Sie hören jeden Text zweimal.
Zu jedem Text lösen Sie zwei Aufgaben.
Wählen Sie bei jeder Aufgabe die richtige Lösung.
Lesen Sie zuerst das Beispiel. Dazu haben Sie 10 Sekunden Zeit.

Beispiel:

01 Kai beginnt bald ein Studium an der Uni.

| Richtig | ~~Falsch~~ |

02 Christa soll …

a Claudia eine Mail schicken.

b Katja eine Antwort schicken.

☒ Kai anrufen.

Text 1

1 Ausländische Arbeitnehmer arbeiten oft nicht in ihrem eigentlichen Beruf.

| Richtig | Falsch |

2 Migranten …

a haben meistens keine Ausbildung.

b werden oft nicht anerkannt.

c brauchen dringend einen Job.

Text 2

3 Annette möchte an einer Sprachschule Englisch lernen.

| Richtig | Falsch |

4 Sie möchte …

a eine Englischprüfung ablegen.

b ihren Lebenslauf auf Englisch schreiben.

c Tipps zum Bewerbungsgespräch auf Englisch.

Text 3

5 Dieses Angebot ist interessant für Jobsuchende.

| Richtig | Falsch |

6 Viele Arbeitnehmer …

a haben Probleme mit der Bewerbung.

b möchten einen sicheren Arbeitsplatz.

c wechseln heutzutage oft den Arbeitsplatz.

Text 4

7 Die Durchsage richtet sich an Schüler, Studenten und Azubis.

| Richtig | Falsch |

8 Beim Kauf von Schulheften bekommt man …

a 20 Prozent Ermäßigung.

b eine Packung Bleistifte umsonst.

c ein Wörterbuch geschenkt.

Text 5

9 Morgen gibt es einen Streik.

| Richtig | Falsch |

10 Der Unterricht findet …

a morgen später statt.

b morgen nicht statt.

c die ersten beiden Stunden statt.

Sie hören nun einen Text. Sie hören den Text einmal.
Dazu lösen Sie fünf Aufgaben.
Wählen Sie bei jeder Aufgabe die richtige Lösung a, b oder c.
Lesen Sie zuerst die Aufgaben. Dazu haben Sie 60 Sekunden Zeit.

Sie nehmen an einem Workshop teil, der unter dem Motto „Richtig bewerben" stattfindet und hören einen Auszug aus einem Vortrag zum Thema: „Dresscode – richtige Kleidung am Arbeitsplatz".

11 Die Teilnehmer …

- a beraten sich während des Seminars gegenseitig.
- b dürfen Kleidung anprobieren.
- c wissen oft nicht, wie sie sich kleiden sollen.

12 Für Unternehmen …

- a gibt es eine allgemeine Kleiderordnung.
- b gibt es unterschiedliche Dresscodes.
- c ist es wichtig, dass sich ihre Mitarbeiter wohl fühlen.

13 Die Kleiderordnung ist nicht so streng, wenn …

- a es im Büro zu heiß ist.
- b auch die Kunden Freizeitkleidung tragen.
- c man in einem kleinen Unternehmen arbeitet.

14 Frauen können im Büro …

- a offene Schuhe tragen.
- b Sandalen aus Leder tragen.
- c kurze T-Shirts tragen.

15 Männer dürfen bei großer Hitze …

- a kurzärmelige Hemden tragen.
- b Polohemden tragen.
- c offene Schuhe tragen.

Sie hören nun ein Gespräch. Sie hören das Gespräch einmal.
Dazu lösen Sie sieben Aufgaben.
Wählen Sie: Sind die Aufgaben *Richtig* oder *Falsch*?
Lesen Sie jetzt die Aufgaben 16 bis 22. Dazu haben Sie 60 Sekunden Zeit.

Sie sitzen an der Bushaltestelle und hören, wie sich ein Mann und eine Frau unterhalten.

16	Tina ist gerade aus dem Urlaub zurückgekommen.	Richtig	Falsch
17	Tina konnte in ihrem Beruf keine Arbeit finden.	Richtig	Falsch
18	Nils macht sich Sorgen um Tinas berufliche Zukunft.	Richtig	Falsch
19	Nils würde gern im Tourismusbereich arbeiten.	Richtig	Falsch
20	Tina stört es, dass die Mehrzahl der Reisenden unzufrieden ist.	Richtig	Falsch
21	Für Tinas Arbeitgeber waren die Noten nicht so wichtig.	Richtig	Falsch
22	Tina zeigt einigen Touristen ihre Heimatstadt kostenlos.	Richtig	Falsch

Sie hören nun eine Diskussion. Sie hören die Diskussion zweimal.
Dazu lösen Sie acht Aufgaben. Ordnen Sie die Aussagen zu: Wer sagt was?
Lesen Sie jetzt die Aussagen. Dazu haben Sie 60 Sekunden Zeit.

Der Moderator der Sendung „Schule – heute" diskutiert mit der Lernpsychologin Frau Maria Zimmer und dem Stadtrat Herrn Günther über das Thema „Digitale Schulen – ja oder nein?".

		Moderator	Frau Zimmer	Herr Günther
Beispiel:				
0	Schulanfängern fällt es leichter am Tablet schreiben zu lernen.	a	b	☒
23	Traditionelle Lehrmethoden sind besser.	a	b	c
24	Die Studie ist nicht korrekt durchgeführt worden.	a	b	c
25	Tablets sollten nicht von allen Altersgruppen benutzt werden.	a	b	c
26	Die Beschäftigung mit dem Computer fördert das Denken.	a	b	c
27	Durch neue Lernmethoden werden die Kinder verantwortungsbewusster.	a	b	c
28	Das stundenlange Spielen am Computer schadet der Gesundheit.	a	b	c
29	Die Menschen haben oft Angst vor neuen Dingen.	a	b	c
30	Zensuren beeinflussen die Fantasie der Grundschüler negativ.	a	b	c

• basteln • das Tablet • *die Straßenbahn* • MINT • der Automat • die Maschine • elektronisch • *elektrisch* • fahren • reparieren • in der Werkstatt • **erfinden** • am PC spielen • **viel Zeit vor dem Bildschirm verbringen** • etwas aufbauen • die Messe • drucken • **Ich spiele online.** • im Internet sein

79 ▶ **1** **Hören Sie den Text.**
Die beliebtesten Weihnachtsgeschenke. Welches Geschenk steht auf welchem Platz? Wie viel kosten sie im Durchschnitt? Notieren Sie.

Geschenk	Platz	Preis
Aufbauspiele[1]		
Bluetooth- und Waterproof-Lautsprecher		
Fernseher		
Kaffee-Automaten und Espresso-Maschinen		
Küchenmaschinen		
Notebooks und PC-Bildschirme		
Parfüm, Pflegeprodukte und Schmuck		
Smartphones		
Spielekonsolen und Zubehör		
WiFi- und Fitnessuhren		

[1] Aufbauspiele: z.B. Playmobil, Lego

Wortschatz und Hörtraining

1 Elektrik und Elektronik

79 ▶

a Hören Sie den Text von der Einstiegseite noch einmal. Welche Geräte, die nicht in der Aufgabe oben genannt wurden, hören Sie?

Gemüseschneider, …

b Ordnen Sie die Verben den Kategorien zu.

> anklicken | aufbauen | ausdrucken | schließen |
> ausschalten | einfügen | einschalten | herunterfahren | öffnen |
> herunterladen (downloaden) | hochfahren | hochladen | installieren |
> kopieren | löschen | mit dem Internet verbunden sein | schicken |
> an sein / aus sein | speichern

Computer	Programm	Datei	Dokument
an sein / aus sein			

c Welche Ausdrücke aus 1b passen? Ergänzen Sie diese in der richtigen Form.

1 So, jetzt fange ich mit dem Aufsatz an! Ich muss aber erst den Computer _____. Das dauert ca. zwei Minuten.

2 Oh, dieses Programm muss ich unbedingt haben! Kannst du es mir auf meinen PC _____?

3 Also, wenn du dieses Spiel hochladen möchtest, brauchst du es nur mit der Maustaste zweimal _____.

4 Ich brauche diese E-Mail nicht mehr. Ich werde sie jetzt _____.

5 Wenn dieser Zeitungsartikel so wichtig für dich ist, dann solltest du ihn auf deiner Festplatte oder deinem USB-Stick _____ oder du kannst ihn auch _____, dann hast du ihn in Papierform.

6 Sag mal, dein Laptop _____ schon die ganze Nacht _____. Das ist nicht gut für die Festplatte. Willst du ihn nicht _____?

7 Ich glaube, dein PC _____ nicht mit dem Internet _____. Ich kann keine einzige Seite öffnen.

8 Kannst du mir die Datei _____ und per E-Mail schicken?

d Welches Wort passt nicht?

die Heizung:	das Benzin – das Gas – das Öl – der Strom
das Kabel:	alt – kaputt – kurz – spannend
die Lampe:	der Bildschirm – die Glühbirne – der Lampenschirm – die Steckdose
das Elektrogerät:	anmachen – anzünden – ausmachen – ausschalten

2 Rund ums Auto

80 ▶ **a** Hören Sie das folgende Gespräch. Welche vier Synonyme für das Wort Auto hören Sie? Notieren Sie.

das Auto: _____

b Finden Sie die passenden Begriffe zu den Beschreibungen und tragen Sie sie in das Rätsel ein.

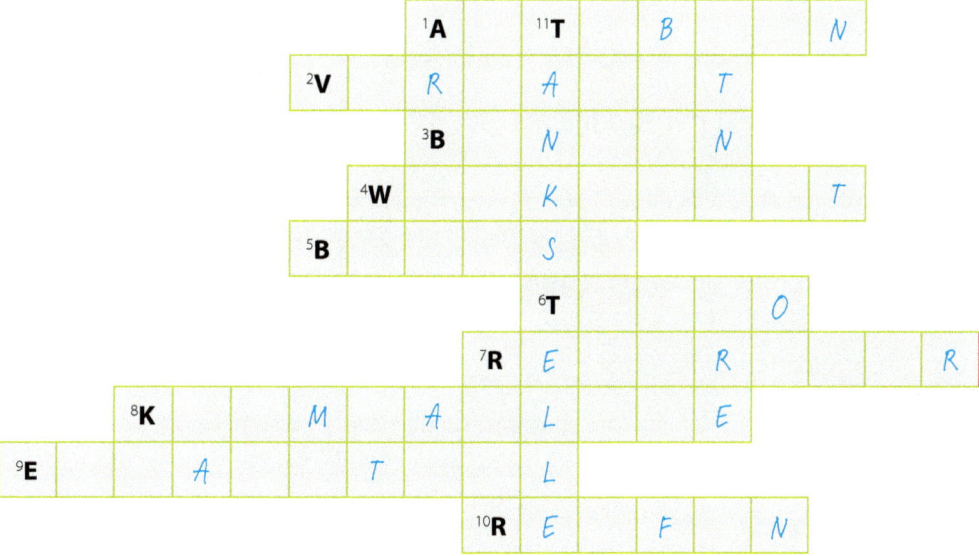

1 Hier dürfen Autos sehr schnell fahren.

2 Wer zuerst fahren darf, hat die …

3 Das kann man an der Tankstelle kaufen.

4 Hier repariert man Autos.

5 Darauf muss man treten, um das Auto anzuhalten.

6 Das ist ein Synonym für Geschwindigkeit.

7 Wenn das Auto kaputt ist, dann braucht es eine …

8 Sie sorgt für angenehme Temperaturen im Fahrzeug.

9 Damit ersetzt man ein Teil, das kaputt ist.

10 Sie sind rund, schwarz und aus Gummi.

c Beschreiben Sie das Lösungswort aus 2b.

Tankstelle: _____

3 Maße und Gewichte

a Ordnen Sie zu.

1	Gewicht	_____*c, ...*_____
2	Geschwindigkeit	_____
3	Fläche/Größe	_____
4	Länge/Entfernung	_____
5	Temperatur	_____
6	Volumen	_____

a	drei Grad über Null
b	ein Grad unter Null
c	ein Gramm
d	zwei Kilo(gramm)
e	100 Kilometer pro Stunde
f	ein Liter
g	ein Meter dreißig
h	minus drei Grad
i	ein Pfund
j	70 Quadratmeter
k	5 Zentimeter

b Ergänzen Sie den Text mit Ausdrücken aus 3a in der richtigen Form.

1 Dieses neue Auto-Modell verbraucht nur 6 Liter auf 100 Kilometer und erreicht eine _____ von 220 Kilometern pro Stunde.

2 Wir haben unsere alte Wohnung verkauft. Sie war uns zu klein. Sie hatte eine _____ von nur 50 Quadratmetern.

3 Dieses Kabel ist zu kurz. Es hat eine _____ von gerade mal 20 Zentimetern.

4 Letzte Woche habe ich einen Zeitungsartikel über das schwerste Flugzeug der Welt gelesen. Es ist eine Antonow und ihr _____ beträgt 640 Tonnen.

5 Wenn Wasser gefriert, vergrößert sich sein _____ um etwa zehn Prozent.

6 Der Südpol ist der kälteste Ort der Welt. Hier hat man schon _____ von minus 93 Grad gemessen.

4 Erfindungen

a Ergänzen Sie den Text mit den Wörtern aus dem Kasten in der richtigen Form.

bauen | Beachtung | Druck | entstehen | erfinden | Erfindung |
Erfolg | haben | halten | Ingenieur | Verwendung | Wissenschaft

Das Schicksal der Erfinder: In Vergessenheit geraten

Für viele Erfinder bedeutet der Traum vom (1) ___Erfolg___ auch den Wunsch, reich und berühmt zu werden. Dieser Erfolg ist jedoch nur wenigen vergönnt. So gibt es Beispiele für geniale (2) _____ aus der Antike, die in ihrer Zeit keine (3) _____ fanden und erst viel später „wieder"erfunden wurden. Heron von Alexandria ist ein beredtes Beispiel dafür: Der Mathematiker und (4) _____ lebte und wirkte im ersten Jahrhundert nach Christus in Alexandria, dem Zentrum griechisch-römischer (5) _____. Er (6) _____ schwere Türen, die sich wie von Geisterhand öffneten, wenn ein Priester das heilige Feuer in einer Schale vor dem Tempel entzündete. Das Prinzip? Ganz einfach: Heron erhitzte Wasser und ließ so Wasserdampf (7) _____. Durch den entstandenen (8) _____ konnten sich die Türen bewegen. Er hatte somit im Prinzip die erste Dampfmaschine (9) _____. Die Griechen (10) _____ diese Erfindung jedoch für Spielerei. Und auch die Römer fanden für diese Dampfmaschine keinerlei (11) _____, durch die man viele Arbeitskräfte hätte sparen können. Die Einsparung von Arbeitskräften spielte damals noch keine Rolle – Rom (12) _____ ja genug Sklaven. So blieb der Dampf als Antriebskraft bis ins 17. Jahrhundert hinein ungenutzt.

81 ▶ **b** Hören Sie zur Kontrolle den Text.

Sie hören nun fünf kurze Texte.
Sie hören jeden Text zweimal.
Zu jedem Text lösen Sie zwei Aufgaben.
Wählen Sie bei jeder Aufgabe die richtige Lösung.
Lesen Sie zuerst das Beispiel. Dazu haben Sie 10 Sekunden Zeit.

Beispiel:

01 Der Bus Nr. 32 hat Verspätung. | Richtig | ~~Falsch~~

02 Reisende nach Salzburg können …

a	den Bus um 13.25 Uhr nehmen.
☒b	einen späteren Bus nehmen.
c	heute nicht mehr nach Salzburg fahren.

Text 1

1 Ein altes Medium hat wieder Erfolge auf dem Markt. | Richtig | Falsch

2 Schallplatten …

a	werden bei jungen Leuten immer beliebter.
b	werden mehr verkauft als andere Medien.
c	wurden im letzten Jahr 52 Millionen Mal verkauft.

Text 2

3 In dem Video wird ein seltener Vogel gezeigt. | Richtig | Falsch

4 Der Junge …

a	findet seinen Vogel lustig.
b	hatte Probleme mit seiner Mutter.
c	ist oft im Fernsehen zu sehen.

Text 3

5 Es geht um eine schnellere Internetverbindung. | Richtig | Falsch

6 Das Gerät gibt es …

a	ab morgen im Internet billiger.
b	diese Woche im Geschäft am billigsten.
c	heute im Internet billiger.

Text 4

7 Die Zahl Pi hat einen eigenen Feiertag. | Richtig | Falsch

8 Die Fanclubs der Zahl Pi …

a	backen an jedem 14. des Monats Torten.
b	bestehen vor allem aus Wissenschaftlern.
c	gibt es weltweit.

Text 5

9 Die beiden wollen eine Ausstellung besuchen. | Richtig | Falsch

10 Den Vortrag über Internet-Kriminalität gibt es …

a	am Donnerstag.
b	am Freitag.
c	jeden Tag.

Sie hören nun einen Text. Sie hören den Text einmal.
Dazu lösen Sie fünf Aufgaben.
Wählen Sie bei jeder Aufgabe die richtige Lösung a, b oder c.
Lesen Sie zuerst die Aufgaben. Dazu haben 60 Sekunden Zeit.

Sie sitzen in der Münsteraner Volkshochschule und hören einen Vortrag.

11 In Deutschland …

     a gibt es überall Geschwindigkeitsbeschränkungen.

     b sind die Straßenverbindungen sehr gut.

     c werden 80 Millionen Autos gefahren.

12 Gottlieb Daimler …

     a konnte schon als Kind sehr gut malen.

     b studierte gleich nach seiner Ausbildung.

     c war der Sohn eines Museumsbesitzers.

13 Wilhelm Maybach …

     a erhielt in Stuttgart eine Ausbildung.

     b lernte Daimler während seiner Ausbildung kennen.

     c verlor mit 13 Jahren seine Eltern.

14 Daimler und Maybach …

     a interessierten sich nicht für den Otto-Motor.

     b machten mit DEUTZ gute Geschäfte.

     c verließen 1882 die Firma DEUTZ.

15 Carl Benz hat …

     a das erste Auto mit Benzin-Motor erfunden.

     b das erste Fahrzeug mit einem Otto-Motor erfunden.

     c mit Daimler und Maybach zusammengearbeitet.

Sie hören nun ein Gespräch. Sie hören das Gespräch einmal.
Dazu lösen Sie sieben Aufgaben.
Wählen Sie: Sind die Aufgaben *Richtig* oder *Falsch*?
Lesen Sie jetzt die Aufgaben 16 bis 22. Dazu haben Sie 60 Sekunden Zeit.

Sie sind im Tiergarten Schönbrunn und hören, wie sich zwei Jugendliche unterhalten.

16	Bettina mag Selfies.	Richtig	Falsch
17	Johannes findet, dass Selfies und Selbstportraits von Künstlern das Gleiche sind.	Richtig	Falsch
18	Digitale Bilder von heute wird es in 500 Jahren nicht mehr geben.	Richtig	Falsch
19	Bettinas Schwester hat einen alten Jugendfreund geheiratet.	Richtig	Falsch
20	Johannes studiert in Wien Medien-Informatik.	Richtig	Falsch
21	Bettina findet das Studienfach Gaming nicht besonders seriös.	Richtig	Falsch
22	Wer Computerspiele entwickelt, verdient nicht immer viel Geld.	Richtig	Falsch

85 ▶

Sie hören nun eine Diskussion. Sie hören die Diskussion zweimal.
Dazu lösen Sie acht Aufgaben. Ordnen Sie die Aussagen zu: Wer sagt was?
Lesen Sie jetzt die Aussagen. Dazu haben Sie 60 Sekunden Zeit.

Der Moderator der Sendung „Technik im Alltag" diskutiert mit Frau Erpenbeck vom Verband der Elektroniker und Herrn Dressler von der Initiative „Pfusch[1], nein danke!" über das Thema „Kaum gekauft – schon kaputt!".

		Moderator	*Herr Dressler*	*Frau Erpenbeck*
Beispiel:				
0	Neue Geräte gehen zu schnell kaputt.	☒	b	c
23	Die Produktion schlechter Geräte erfolgt absichtlich.	a	b	c
24	Geräte muss man schon wegen kleiner Schäden wegwerfen.	a	b	c
25	Der ständige Neukauf hat auch ökologische Folgen.	a	b	c
26	Neue Produkte sind leiser und leichter als früher.	a	b	c
27	Den alten Mixer kann man heute noch benutzen.	a	b	c
28	Die Hersteller sollen per Gesetz haltbarere Produkte herstellen.	a	b	c
29	Wir haben den künftigen Generationen gegenüber eine große Verantwortung.	a	b	c
30	Die Qualität und der Preis eines Produkts hängen von seinem Verwendungszweck ab.	a	b	c

[1] Pfusch: qualitativ schlechte Arbeit/schlechtes Produkt

• der Krieg
• der Frieden • protestieren
für/gegen • **demonstrieren**
• die Demokratie • das Recht
• der Wohnsitz • **die Herkunft**
• die Wahl • das Asyl • freiwillig
• reich • das Gericht • **das Urteil**
• der Flüchtling • der Bund
• die Länder • *Menschenrechte*
Teilnahme der Bürger • mitmachen
• früher • heutzutage
• arm

1 **Lesen Sie den Text.**

a Ergänzen Sie die fehlenden Wörter. Die Wörter im Kasten helfen.

der Bundeskanzler/die Bundeskanzlerin | Bundestag | Mitglieder |
Minister/Ministerinnen | Ministerien | Ministerium

Zur Bundesregierung gehören 16 Personen: *der Bundeskanzler/die Bundeskanzlerin*, die 14
_____ und der Chef des Bundeskanzleramtes. Alle _____
zusammen bezeichnet man als Bundeskabinett. Die Abgeordneten im _____ wählen
den Bundeskanzler/die Bundeskanzlerin. Er/sie entscheidet, wer welches _____
übernimmt. Zurzeit gibt es 14 _____. Jedes ist für einen bestimmten Bereich
zuständig.

86 ▶ **b** Hören Sie nun den Text und vergleichen Sie die Ergebnisse mit Ihren Lösungen.

Wortschatz und Hörtraining

1 Politik

a Ergänzen Sie die Assoziogramme zum jeweiligen Wortstamm.

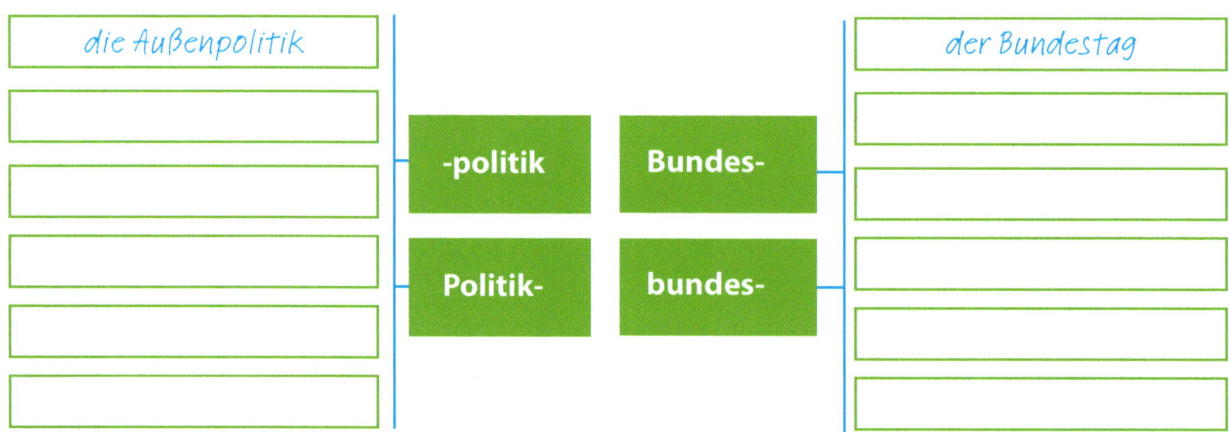

die Außenpolitik			der Bundestag
	-politik	**Bundes-**	
	Politik-	**bundes-**	

b Welcher Begriff passt nicht? Streichen Sie den falschen Begriff durch.

das Staatsoberhaupt:	der Bundeskanzler – die Königin – der Präsident
der Regierungschef:	der Bürgermeister – die Kanzlerin – der Ministerpräsident
das Parlament:	der Bundestag – der Nationalrat – die Gemeinde
die Partei:	die CDU – die EU – die SPD

c Wie gut kennen Sie die DACHL-Länder? Kreuzen Sie die richtige Antwort an.

1 Die Schweiz besteht aus …
    a 18 Kantonen.
    b 26 Kantonen.

2 Deutschland hat …
    a 15 Bundesländer.
    b 16 Bundesländer.

3 In Österreich heißt der Regierungschef …
    a Bundeskanzler.
    b Ministerpräsident.

4 Liechtensteins Staatsoberhaupt ist …
    a ein Präsident.
    b ein Fürst.

2 Soziales

a Was verspricht der Politiker vor den Wahlen? Unterstreichen Sie die richtige Lösung.

1 <u>mehr</u>/weniger Arbeitsplätze

2 mehr/weniger Schutz vor Kriminalität

3 den Unterschied zwischen Arm und Reich vergrößern/verkleinern

4 mehr/weniger Sicherheit

5 mehr/weniger Bürokratie bei den Behörden

6 höhere/niedrigere Einkommen

7 eine sorgenfreie/sorgenvolle Zukunft

8 Solidarität mit sozial Schwächeren/Stärkeren

9 Wohlstand für alle/wenige Bürger

10 sinkende/steigende Arbeitslosigkeit

11 soziale/unsoziale Gerechtigkeit

b Wie sieht es oft nach den Wahlen aus? Schreiben Sie fünf Sätze.

Obwohl der Politiker mehr Arbeitsplätze versprochen hat, gibt es in manchen Regionen weniger Arbeitsplätze als vor den Wahlen.

_____

_____

_____

_____

_____

c Wie heißt das Gegenteil?

1	die Achtung	*die Missachtung, die Nichtachtung*
2	jmd. akzeptieren	
3	gemeinsam	
4	gleich	
5	die Mehrheit	
6	steigen	
7	vergrößern	
8	das Verständnis	
9	das Vertrauen	
10	zunehmen	

d Finden Sie die richtige Beschreibung. Ordnen Sie zu.

1	die Bevölkerung	_____	a	die Bevölkerung eines Staates
2	der Bürger	_____	b	Angehöriger eines Staates
3	der Einwohner	_____	c	Gesamtheit der Bewohner eines bestimmten Gebietes
4	der Staatsangehörige	_____	d	jemand der in einem Land/Haus seinen Wohnsitz hat
5	das Volk	_____	e	jemand, der eine bestimmte Staatsangehörigkeit hat

3 **Internationales**

a Ergänzen Sie den folgenden Text mit den Wörtern im Kasten in der richtigen Form.

> gehören | humanitär | Menschenrecht | regelmäßig |
> spielen | Währung | weltweit | Zusammenarbeit

Europa – Diplomatie und Partnerschaft

Die Europäische Union _spielt_____ auf der internationalen Bühne eine wichtige Rolle. Zu ihren

Hauptaufgaben _____ die Sicherung des Weltfriedens und die Förderung des Wohlstands.

Aber auch Handel, _____ Hilfe, Sicherheit und Verteidigung gehören dazu. Die

EU ist _____ der größte Geber von Entwicklungshilfe und engagiert sich in der

_____ zwischen den Entwicklungsländern. Sie ist aber auch die größte Handelsmacht und

der Euro ist die zweitwichtigste _____ der Welt. _____ veranstaltet die

EU Gipfeltreffen mit China, Indien, Japan, Russland, Kanada und den Vereinigten Staaten. Dabei geht es um

Themen wie Sicherheit und Verteidigung, Kriminalität sowie _____, aber auch um Fragen

von Bildung und Umwelt.

87 ▶ **b** Hören Sie nun den Text und vergleichen Sie die Ergebnisse mit Ihren Lösungen.

Sie hören nun fünf kurze Texte.
Sie hören jeden Text zweimal.
Zu jedem Text lösen Sie zwei Aufgaben.
Wählen Sie bei jeder Aufgabe die richtige Lösung.
Lesen Sie zuerst das Beispiel. Dazu haben Sie 10 Sekunden Zeit.

Beispiel:

01 Es geht um das Einkommen der letzten 3 Jahre.

| Richtig | ~~Falsch~~ |

02 Lohnerhöhung gab es vor allem für …

- a Auszubildende.
- b Beamte.
- ☒ Geringverdiener.

Text 1

1 Am Freitag finden Wahlen für die 18-Jährigen statt.

| Richtig | Falsch |

2 Mila …

- a möchte, dass Noah wählen geht.
- b will sich bei den Politikern beschweren.
- c wird nicht zur Wahl gehen.

Text 2

3 Patrick ärgert sich über die Bürokratie.

| Richtig | Falsch |

4 Patrick möchte …

- a Hilfe von Birgit.
- b mit Birgit zum Jobcenter gehen.
- c morgen in die Pizzeria gehen.

Text 3

5 Im Saarland sind bald Wahlen.

| Richtig | Falsch |

6 Hier …

- a leben eine Million Wähler.
- b lebt man vom Bergbau.
- c ist Französisch ein besonders wichtiges Fach.

Text 4

7 In der Sendung geht es um gelungene Integrationspolitik.

| Richtig | Falsch |

8 In Altena …

- a nimmt die Zahl der Bevölkerung wieder zu.
- b arbeiten die Migranten in der Metallindustrie.
- c gibt es viele Asylantenheime.

Text 5

9 Eine Familie kämpft um ihr Recht.

| Richtig | Falsch |

10 Die Stadt …

- a hat einen Kita-Platz für das Kind gefunden.
- b muss dem Kind einen Kita-Platz geben.
- c muss der Mutter Geld zahlen.

Sie hören nun einen Text. Sie hören den Text einmal.
Dazu lösen Sie fünf Aufgaben.
Wählen Sie bei jeder Aufgabe die richtige Lösung a, b oder c.
Lesen Sie zuerst die Aufgaben. Dazu haben Sie 60 Sekunden Zeit.

Sie nehmen an einem Informationsabend zur Vorbereitung auf einen Besuch des Bundestages in Berlin teil.

11	Am Freitagmorgen …	a	müssen die Schüler eine Liste mitbringen.
		b	treffen sich die Schüler vor dem Bundestag.
		c	werden die Schüler am Bundestag erwartet.
12	Der Fragebogen muss …	a	mit der Hand ausgefüllt werden.
		b	spätestens am Freitag abgeschickt werden.
		c	vom Internet heruntergeladen werden.
13	Im Bundestag …	a	machen die Schüler zuerst ein Quiz.
		b	wird man die Teilnehmer zuerst in zwei Gruppen teilen.
		c	muss man die Teilnahme am Quiz bezahlen.
14	Die Teilnehmer …	a	dürfen im Reichstag keine Fotos machen.
		b	können dem Abgeordneten Fragen stellen.
		c	sollten die Fragen des Abgeordneten beantworten.
15	Gegen Ende des Ausfluges können die Schüler …	a	die Reichstagskuppel besuchen.
		b	für wenig Geld im Bundestag essen.
		c	einkaufen gehen.

Sie hören nun ein Gespräch. Sie hören das Gespräch einmal.
Dazu lösen Sie sieben Aufgaben.
Wählen Sie: Sind die Aufgaben _Richtig_ oder _Falsch_?
Lesen Sie jetzt die Aufgaben 16 bis 22. Dazu haben Sie 60 Sekunden Zeit.

Sie sitzen auf einer Parkbank und hören, wie sich ein Mann und eine Frau unterhalten.

		Richtig	Falsch
16	Pina und Yassar treffen sich zufällig.	Richtig	Falsch
17	Bei der Give-Box ist alles gratis.	Richtig	Falsch
18	Bevor man die Give-Box betritt, muss man sich die Hände waschen.	Richtig	Falsch
19	Pina ist von der Give-Box nicht begeistert.	Richtig	Falsch
20	Einige Bekleidungsunternehmen nehmen alte Kleidung wieder zurück.	Richtig	Falsch
21	Yassar glaubt nicht an die guten Absichten der Unternehmen.	Richtig	Falsch
22	Pina und Yassar trennen sich am Ende des Gesprächs.	Richtig	Falsch

Sie hören nun eine Diskussion. Sie hören die Diskussion zweimal. Dazu lösen Sie acht Aufgaben. Ordnen Sie die Aussagen zu: Wer sagt was? Lesen Sie jetzt die Aussagen. Dazu haben Sie 60 Sekunden Zeit.

Die Moderatorin der Radiosendung „Gesellschaft – heute" diskutiert mit dem Soziologen Herrn Bauer und dem Skandinavisten Herrn Sievers über das Thema „Wege zum Glück".

		Moderatorin	Herr Bauer	Herr Sievers
Beispiel:				
0	Die Völker Skandinaviens gehören zu den glücklichsten der Welt.	☒	b	c
23	Wirtschaftliche Sicherheit ist wichtig für das Glücksgefühl.	a	b	c
24	Wenn man keine Angst vor der Zukunft hat, kann man alltägliche Dinge besser genießen.	a	b	c
25	Es gibt Unterschiede zwischen den Sozialsystemen in Deutschland und Skandinavien.	a	b	c
26	Vertrauen in die Ämter ist von großer Bedeutung.	a	b	c
27	Ost- und Westdeutsche sind fast gleich glücklich.	a	b	c
28	Die Deutschen sind während Krisen weniger zufrieden.	a	b	c
29	Das deutsche Sozialsystem kann noch verbessert werden.	a	b	c
30	Die Einwohnerzahl eines Landes spielt eine Rolle bei der sozialen Struktur.	a	b	c

Nachname, Vorname

Datum

Teil 1

	Richtig	Falsch
1	☐	☐

	a	b	c
2	☐	☐	☐

	Richtig	Falsch
3	☐	☐

	a	b	c
4	☐	☐	☐

	Richtig	Falsch
5	☐	☐

	a	b	c
6	☐	☐	☐

	Richtig	Falsch
7	☐	☐

	a	b	c
8	☐	☐	☐

	Richtig	Falsch
9	☐	☐

	a	b	c
10	☐	☐	☐

Teil 2

	a	b	c
11	☐	☐	☐
12	☐	☐	☐
13	☐	☐	☐
14	☐	☐	☐
15	☐	☐	☐

Wichtiger Hinweis:
So markieren Sie richtig: ☒

Teil 3

	Richtig	Falsch
16	☐	☐
17	☐	☐
18	☐	☐
19	☐	☐
20	☐	☐
21	☐	☐
22	☐	☐

Teil 4

	a	b	c
23	☐	☐	☐
24	☐	☐	☐
25	☐	☐	☐
26	☐	☐	☐
27	☐	☐	☐
28	☐	☐	☐
29	☐	☐	☐
30	☐	☐	☐

Punkte Teile 1 bis 4 ☐☐ / 30

Gesamtergebnis:
(nach Umrechnung) ☐☐☐ / 100

Bildquellennachweis

7.1 Shutterstock (Business stock), New York; **9.1** Shutterstock (VP Photo Studio), New York; **18.1** Shutterstock (Gino Santa Maria), New York; **19.1** Shutterstock (Africa Studio), New York; **22** Shutterstock (Jason Salmon), New York; **28.1** Shutterstock (Leremy), New York; **29.1** Shutterstock (migovar), New York; **31.1** Shutterstock (Eduard Zhukov), New York; **33.1** Shutterstock (Noppasin), New York; **40.1** Shutterstock (rangizzz), New York; **41.1** Shutterstock (thewet nonthachai), New York; **42.1** Shutterstock (Maglara), New York; **50.1** Shutterstock (bearsky23), New York; **52.1** Shutterstock (Y Photo Studio), New York; **53.1** Shutterstock (Paul Cowan), New York; **54.1** Shutterstock (leungchopan), New York; **55.1** Shutterstock (Lightspring), New York; **59.1** Shutterstock (Rawpixel.com), New York; **60.1** Shutterstock (Syda Productions), New York; **65.1** Shutterstock (Ralwel), New York; **68.1** Shutterstock (Tatiana Liubimova), New York; **69.1** Shutterstock (RedlineVector), New York; **71.1** Shutterstock (kornn), New York; **76.1** Shutterstock (Bildagentur Zoonar GmbH), New York; **77.1** Shutterstock (Tom Wang), New York; **80.1** Klett Hellas, Athen; **80.2** Klett Hellas, Athen; **80.3** Klett Hellas, Athen; **84.1** Shutterstock (Moloko88), New York; **85.1** Shutterstock (Matej Kotula), New York; **90.1** Shutterstock (Bloomicon), New York; **91.1** Shutterstock (cstockphotos.com), New York; **92.1** Shutterstock (Diamond_Images), New York; **93.1** Shutterstock (dencg), New York; **96.1** Shutterstock (Sergio Delle Vedove), New York; **97.1** Shutterstock (HAKINMHAN), New York; **101.1** Shutterstock (tai11), New York; **104.1** Shutterstock (Maxx-Studio), New York; **106.1** Shutterstock (joyfull) New York; **107.1** Shutterstock (tomertu), New York; **108.1** Shutterstock (carlos castilla), New York.

Trackliste

Die Audios sind digital verfügbar (siehe Seite 1).

Track	Einheit 1
1	Einstiegsseite 1a
2	Wortschatz 1d
3 – 9	Hörtraining 1b, 2e/f
10 – 13	Hörtraining 1c/d
14	Hörtraining 2a/b
15	Hörtraining 3c
16 – 21	Hörtraining 3d
22	Modelltest 1, Teil 1
23	Modelltest 1, Teil 2

Track	Einheit 2
24	Einstiegsseite 1b
25	Wortschatz 1a/b
26	Wortschatz 3c
27	Hörtraining 1a-g
28 – 30	Hörtraining 3b/c
31	Hörtraining 3f
32	Hörtraining 3h
33	Modelltest 1, Teil 3
34	Modelltest 1, Teil 4

Track	Einheit 3
35	Einstiegsseite 1, Wortschatz 1
36	Wortschatz 3a
37	Wortschatz 3e
38	Wortschatz 3f
39	Wortschatz 5b
40	Hörtraining 1c
41	Hörtraining 2b/c
42	Modelltest 2, Teil 1
43	Modelltest 2, Teil 2

Track	Einheit 4
44	Einstiegsseite 1
45	Wortschatz 1d
46	Wortschatz 2e/f
47	Wortschatz 3a/b
48	Hörtraining 1d-f
49	Hörtraining 2d
50	Modelltest 2, Teil 3
51	Modelltest 3, Teil 4

Track	Einheit 5
52	Einstiegsseite 1a/b
53	Wortschatz 1a
54	Wortschatz 1g
55	Wortschatz 2c
56	Wortschatz 3d
57	Wortschatz 3h
58	Modelltest 3, Teil 2
59	Modelltest 3, Teil 3

Track	Einheit 6
60	Einstiegsseite 1a/b
61	Wortschatz 1a
62	Wortschatz 1e/f
63	Wortschatz 3e/f
64	Modelltest 3, Teil 1
65	Modelltest 3, Teil 4

Track	Einheit 7
66	Einstiegsseite 1
67	Wortschatz und Hörtraining 2b
68	Wortschatz und Hörtraining 2d
69	Modelltest 4, Teil 1
70	Modelltest 4, Teil 2
71	Modelltest 4, Teil 3
72	Modelltest 4, Teil 4

Track	Einheit 8
73	Einstiegsseite 1, Wortschatz 1a
74	Wortschatz und Hörtraining 2b
75	Modelltest 5, Teil 1
76	Modelltest 5, Teil 2
77	Modelltest 5, Teil 3
78	Modelltest 5, Teil 4

Track	Einheit 9
79	Einstiegsseite 1, Wortschatz und Hörtraining 1a
80	Wortschatz und Hörtraining 2a
81	Wortschatz und Hörtraining 4b
82	Modelltest 6, Teil 1
83	Modelltest 6, Teil 2
84	Modelltest 6, Teil 3
85	Modelltest 6, Teil 4

Track	Einheit 10
86	Einstiegsseite 1b
87	Wortschatz und Hörtraining 3b
88	Modelltest 7, Teil 1
89	Modelltest 7, Teil 2
90	Modelltest 7, Teil 3
91	Modelltest 7, Teil 4

Audio-Impressum

Aufnahmeleitung: Klett Hellas GmbH, Athen
Tontechnik und Produktion: Kyriazis Studios, Athen, Griechenland
Manfred Greunz Produktion, Wernberg, Österreich
Studio b, Frauenfeld, Schweiz
Sprecher: Fabian Emde, Sevi Maria Chatzimichalaki, Raheeli Kaasik, Ulli Kambitsis-Hetzel, Athina Komninou, Ludger Lorenz, Uta Loumiotis, Johanna Neudecker, Adalbert Mazur, Martin Voit sowie Österreichische und Schweizer Sprecher